LA
MÉROPE
FRANCAISE,
AVEC
QUELQUES PETITES PIECES
DE LITTERATURE.

Hoc legite austeri, crimen amoris abest.

A PARIS,

Chez PRAULT Fils, Libraire, Quai de Conty, vis-
à-vis la descente du Pont-Neuf, à la Charité.

M. DCC. XLIV.

Avec Approbation & Privilege du Roy.

(1)

AVIS
AU LECTEUR.

L'Editeur de la Mérope, & de quelques petits ouvrages de littérature qui l'accompagnent, avertit qu'on débite, sous le nom de l'Auteur, beaucoup d'éditions auſquelles il n'a aucune part. Celles qui ſont imprimées ſous le titre d'Amſterdam, ſont très-incomplettes & très-fautives : celle qui paroît être imprimée à Genêve, eſt plus complette, mais elle fourmille de fautes. Il n'y a aucune de ces éditions dans laquelle on ne trouve des piéces entiérement défigurées, ou fauſſement attribuées à l'auteur. Il eſt abſolument néceſſaire que les Libraires, qui voudront faire enfin un bon recueil de ſes véritables ouvrages, s'adreſſent à lui,

& ne faſſent rien ſans ſon aveu ; faute
de quoi leurs éditions ſeront décriées
d'elles-mêmes.

APPROBATION.

J'AI lû par ordre de Monſeigneur le Chancelier un
manuſcrit intitulé, MEROPE, *Tragédie.*, &c. Je
n'y ai rien trouvé qui doive en empêcher l'impreſſion.
A Paris, ce 8. Mars 1744. VATRY.

De l'Imprimerie de JOSEPH SAUGRAIN. 1744.

A

MONSIEUR LE MARQUIS

SCIPION MAFFEI,

AUTEUR DE LA MEROPE ITALIENNE,
& de beaucoup d'autres célébres
- Ouvrages.

MONSIEUR,

CEUX, dont les Italiens Modernes & les
autres Peuples ont presque tout appris, les
Grecs & les Romains, adressoient leurs Ouvrages, sans la vaine formule d'un compliment, à leurs amis & aux maîtres de l'art,

4

C'eſt à ces titres que je vous dois l'hommage de la Mérope Françaiſe.

Les Italiens, qui ont été les Reſtaurateurs de preſque tous les beaux arts, & les Inventeurs de quelques-uns , furent les premiers qui, ſous les yeux de Leon X, firent renaître la Tragédie ; & vous étes le premier, Monſieur, qui, dans ce ſiécle, où l'art des Sophocles commençoit à être amolli par des intrigues d'amour, ſouvent étrangeres au ſujet, ou avili par d'indignes bouffonneries qui deshonnoroient le goût de votre ingénieuſe Nation; vous étes le premier, dis-je, qui avez eu le courage & le talent de donner une Tragédie ſans galanterie, une Tragédie digne des beaux jours d'Athenes, dans laquelle l'amour d'une mere fait tout l'intrigue, & où le plus tendre intérét naît de la vertu la plus pure.

La France ſe glorifie d'Athalie : c'eſt le chef-d'œuvre de notre Téatre ; c'eſt celui de la Poëſie; c'eſt de toutes les Piéces qu'on joue, la ſeule où l'amour ne ſoit pas introduit : mais auſſi elle eſt ſoutenue par la pompe de la Religion, & par cette majeſté de l'éloquence des Prophétes.

Vous n'avez point eu cette reſſource, & cependant vous avez fourni cette longue carriere de cinq Actes, qui eſt ſi prodigieuſement difficile à remplir ſans épiſodes.

J'avoue que votre ſujet me paroît beaucoup plus intéreſſant & plus tragique que celui d'Athalie ; & ſi notre admirable Racine a mis plus d'art de Poëſie & de grandeur dans ſon chef d'œuvre , je ne doute pas que le vôtre n'ait fait couler beaucoup plus de larmes.

Le Précepteur d'Alexandre , Ariſtote , cet eſprit ſi étendu , ſi juſte & ſi éclairé dans les choſes qui étoient alors à la portée de l'eſprit humain , Ariſtote , dans ſa Poëtique immortelle , ne balance pas à dire que la reconnoiſſance de Mérope & de ſon fils , étoit le moment le plus intéreſſant de toute la Scene Grecque. Il donnoit à ce coup de Téatre la préférence ſur tous les autres. Plutarque dit que les Grecs , ce Peuple ſi ſenſible , frémiſſoient de crainte que le Vieillard , qui devoit arrêter le bras de Mérope , n'arrivât pas aſſez tôt. Cette Piéce , qu'on jouoit de ſon tems , & dont il nous reſte très peu de fragmens , lui paroiſſoit la plus touchante de toutes les Tragédies d'Euripide ; mais ce n'étoit pas ſeulement le choix du ſujet qui fit le grand ſuccès d'Euripide , quoi qu'en tout genre le choix ſoit beaucoup.

Il a été traité pluſieurs fois en France ; mais ſans ſuccès ; peut-être les Auteurs voulurent charger ce ſujet ſi ſimple , d'ornemens étrangers. C'étoit la Vénus toute nue de Praxitele qu'ils cherchoient à couvrir de clinquant. Il faut toujours beaucoup de tems aux hommes, pour leur apprendre qu'en tout ce qui est grand, on doit revenir au naturel & au simple.

En 1641, lorsque le Téatre commençoit à fleurir en France, & à s'élever même fort au-dessus de celui de la Gréce, par le génie de P. Corneille, le Cardinal de Richelieu, qui recherchoit toute sorte de gloire, & qui avoit fait bâtir la Salle des Spectacles du Palais Royal, pour y représenter des Piéces dont il avoit fourni le dessein, y fit jouer une Mérope sous le nom de Telefonte ; le plan est, à ce qu'on croit, entiérement de lui. Il y avoit une centaine de vers de sa façon ; le reste étoit de Colletet, de Bois-Robert, de Desmarets & de Chapelain ; mais toute la puissance du Cardinal de Richelieu ne pouvoit donner à ces Ecrivains le génie qui leur manquoit. Il n'avoit peut-être pas lui-même celui du Téatre, quoiqu'il en eût le goût ; & tout ce qu'il pouvoit & devoit faire, c'étoit d'encourager le grand Corneille.

Monsieur Gilbert, Résident de la célébre Reine Christine, donna en 1643, sa Mérope, aujourd'hui non moins inconnue que l'autre. Jean de la Chapelle, de l'Académie Françaife, Auteur d'une Cléopatre, jouée avec quelque succès, fit représenter sa Mé-

Pope en 1683. Il ne manqua pas de remplir
fa Piéce d'une épifode d'amour. Il fe plaint
d'ailleurs dans fa Préface de ce qu'on lui re-
prochoit trop de merveilleux. Il fe trom-
poit; ce n'étoit pas ce merveilleux qui avoit
fait tomber fon Ouvrage ; c'étoit en effet
le défaut de génie, & la froideur de la ver-
fification : car voilà le grand point , voilà le
vice capital qui fait périr tant de Poëmes.
L'art d'être éloquent en Vers, eft de tous
les arts le plus difficile & le plus rare. On
trouvera mille génies qui fçauront aranjer
un Ouvrage , & le verfifier d'une maniere
commune ; mais le traiter en vrai Poëte ,

n talent qui eft donné à trois ou quatre
es fur la Terre.

mois de Décembre 1701. M. de la
e fit jouer fon Amafis , qui n'eft au-
fe que le fujet de Mérope , fous d'au-
ms : la galanterie régne auffi dans cet-
e , & il y a beaucoup plus d'incidens
lleux que dans celle de la Chapelle ;
uffi elle eft conduite avec plus d'art ,
e génie , plus d'intérét, elle eft écrite
lus de chaleur & de force ; cependant
eut pas d'abord un fuccès éclatant ,
nt fua fata libelli. Mais depuis elle a
ouée avec de très-grands applaudiffe-
& c'eft une des Piéces dont la repré-
on a fait le plus de plaifir au Public.

Avant & après Amafis, nous avons eu beaucoup de Tragédies fur des fujets à peu près femblables, dans lefquels une mere va venger la mort de fon fils fur fon propre fils même, & le reconnoît dans l'inftant qu'elle va le tuer. Nous étions même accoutumés à voir fur notre Téatre cette fituation frapante, mais rarement vraifemblable, dans laquelle un perfonnage vient, un poignard à la main, pour tuer fon ennemi, tandis qu'un autre perfonnage arrive dans l'inftant même, & lui arrache le poignard. Ce coup de Téatre avoit fait réuffir, du moins pour un tems, le Camma de Thomas Corneille.

Mais, de toutes les Piéces dont je vous parle, il n'y en a aucune qui ne foit chargée d'une petite épifode d'amour, ou plûtôt de galanterie ; car il faut que tout fe plie au goût dominant : & ne croyez pas, Monfieur, que cette malheureufe coutume, d'accabler nos Tragédies d'une épifode inutile de galanterie, foit dûe à Racine, comme on le lui reproche en Italie. C'eft lui, au contraire, qui a fait ce qu'il a pû pour réformer, en cela, le goût de la Nation. Jamais chez lui la paffion de l'amour n'eft épifodique ; elle eft le fondement de toutes fes Piéces ; elle en forme le principal intérêt ; c'eft la paffion la plus téatrale de toutes, la plus fertile en fentimens, la plus variée : elle doit être l'ame d'un Ouvrage de Téatre, ou en être entiérement bannie. Si l'amour n'eſt pas tragique, il eſt inſipide ; & s'il eſt tragique, il doit régner ſeul. Il n'eſt pas fait pour la ſeconde place. C'eſt Rotrou, c'eſt le grand Corneille même, il le faut avouer, qui, en créant notre Téatre, l'ont preſque toujours défiguré par ces amours de commande, par ces intrigues galantes, qui n'étant point de vraies paſſions, ne ſont point dignes du Téatre ; & ſi vous demandez pourquoi on joue ſi peu de Piéces de Pierre Corneille, n'en cherchez point ailleurs la raiſon ; c'eſt que dans la Tragédie d'Othon,

Othon à la Princeſſe a fait un compliment,
Plus en homme d'eſprit qu'en véritable amant.
Il ſuivoit pas à pas un effort de mémoire,
Qu'il étoit plus aiſé d'admirer que de croire;
Camille ſembloit même aſſez de cet avis ;
Elle auroit mieux goûté des diſcours moins ſuivis.
Dis-moi donc, lorſqu'Othon s'eſt offert à Camille,
A-t'il été content ? A-t'elle été facile ?

C'eſt que dans Pompée, l'inutile Cléopatre dit que Céſar

Lui trace des ſoupirs, & d'un ſtile plaintif,
Dans ſon Champ de Victoire, il ſe dit ſon captif.

C'eſt que Céſar demande à Antoine

S'il a vû cette Reine adorable.

Et qu'Antoine répond :

> Oui , Seigneur , je l'ai vûe , elle est incomparable.

C'est que dans Sertorius , le vieux Sertorius même est amoureux à la fois par politique & par goût, & dit :

> J'aime ailleurs , à mon âge il sied mal d'aimer ,
>
> Que je le cache même à qui m'a sçû charmer ,
>
> Et que d'un front ridé les replis jauniffans
>
> Ne font pas un grand charme à captiver les fens.

C'est que dans Oedipe , Théfée débute par dire à Dircé :

> Quelque ravage affreux qu'étale ici la pefte ,
>
> L'abfence aux vrais amans eft encor plus funefte.

Enfin , c'eft que jamais un tel amour ne fait verfer de larmes ; & quand l'amour n'émeut pas , il refroidit.

Je ne vous dis ici , Monfieur , que ce que tous les connoiffeurs , les véritables gens de goût fe difent tous les jours en converfation , ce que vous avez entendu plufieurs fois chez moi ; enfin ce qu'on penfe , & ce que perfonne n'ofe encore imprimer. Car vous fçavez comment les hommes font faits ; ils écrivent prefque tous contre leur propre fentiment , de peur de choquer le préjugé reçu.

Pour moi, qui n'ai jamais mis dans la litterature aucune politique , je vous dis hardiment la vérité , & j'ajoute que je refpecte plus Corneille , & que je connois mieux le grand mérite de ce pere de Téatre, que ceux qui le louent au hazard de ses défauts.

On a donné une Mérope sur le Téatre de Londres en 1731. Qui croiroit qu'une intrigue d'amour y entrât encore ? Mais depuis le régne de Charles II. l'amour s'étoit emparé du Téatre d'Angleterre ; & il faut avouer qu'il n'y a point de Nation au monde qui ait peint si mal cette passion.

L'amour ridiculement amené & traité de même, est encore le défaut le moins monstrueux de la Mérope Anglaise. Le jeune Egiste, tiré de sa prison par une fille d'honneur amoureuse de lui, est conduit devant la Reine qui lui présente une coupe de poison & un poignard, & qui lui dit : si tu n'avales le poison, ce poignard va servir à tuer ta maîtresse. Le jeune homme boit, & on l'emporte mourant. Il revient au cinquiéme Acte annoncer froidement à Mérope, qu'il est son fils, & qu'il a tué le Tyran. Mérope lui demande comment ce miracle s'est operé ? Une amie de la fille d'honneur, répond-il, avoit mis du jus de pavot, au lieu de poison, dans la coupe. Je n'étois qu'endormi, quand on m'a crû mort : j'ai appris, en m'éveillant, que j'étois votre fils, & sur le champ j'ai tué le Tyran. Ainsi finit la Tragédie.

Elle fut sans doute mal reçue : mais n'est-

il pas bien étrange qu'on l'ait repréſentée ?
N'eſt-ce pas une preuve que le Téatre Anglais n'eſt pas encore épuré ? Il ſemble que
la même cauſe qui prive les Anglais du génie de la Peinture , & de la Muſique , leur
ôte auſſi celui de la Tragédie. Cette Iſle , qui
a produit les plus grands Philoſophes de la
terre , n'eſt pas auſſi fertile pour les beaux
arts ; & ſi les Anglais ne s'appliquent ſérieu-
ſement à ſuivre les préceptes de leurs excel-
lens citoyens Adiſſon & Pope , ils n'appro-
cheront pas des autres Peuples en fait de goût
& de litterature.

Mais tandis que le ſujet de Mérope étoit
ainſi défiguré dans une partie de l'Europe, il
y avoit long-tems qu'il étoit traité en Italie
ſelon le goût des Anciens.

Dans ce ſeiziéme Siécle , qui ſera fameux
dans tous les Siécles , le Comte de Torelli
avoit donné ſa Mérope avec des Chœurs. Il
paroît que ſi M. de la Chapelle a outré tous
les défauts du Téatre Français, qui ſont, l'air
romaneſque, l'amour inutile, & les épiſodes;
& ſi l'Auteur Anglais a pouſſé à l'excès la bar-
barie, l'indécence & l'abſurdité, l'Auteur Ita-
lien avoit outré les défauts des Grecs, qui ſont
le vuide d'action, & la déclamation. Enfin,
Monſieur, vous avez évité tous ces écueils,
vous qui avez donné à vos compatriotes des
modéles en plus d'un genre; vous leur avez

donné dans votre Mérope l'exemple d'une Tragédie fimple & intéreffante.

J'en fus faifi dès que je la lus : mon amour pour ma Patrie ne m'a jamais fermé les yeux fur le mérite des Etrangers ; au contraire , plus je fuis bon citoyen , plus je cherche à enrichir mon pays des tréfors qui ne font point nés dans fon fein.

Mon envie de traduire votre Mérope redoubla lorfque j'eus l'honneur de vous connoître à Paris en 1733. Je m'apperçus qu'en aimant l'Auteur , je me fentois encore plus d'inclination pour l'ouvrage ; mais quand je voulus y travailler , je vis qu'il étoit abfolument impoffible de la faire paffer fur notre Téatre Français. Notre délicateffe eft devenue exceffive : nous fommes peut-être des Sibarites plongés dans le luxe , qui ne pouvons fupporter cet air naïf & ruftique , ces détails de la vie champêtre que vous avez imités du Téatre Grec.

Je craindrois qu'on ne fouffrît pas chez nous le jeune Egifte faifant préfent de fon anneau à celui qui l'arrête , & qui s'empare de cette bague. Je n'oferois hazarder de faire prendre un Héros pour un voleur , quoique la circonftance où il fe trouve , autorife cette méprife.

Nos ufages , qui probablement permettent tant de chofes que les vôtres n'admet-

tent point , nous empêcheroient de repréfenter le Tyran de Mérope , l'affaffin de fon
époux & de fes fils , feignant d'avoir , après
quinze ans , de l'amour pour cette Reine ; &
même je n'oferois pas faire dire par Mérope
au Tyran : *Pourquoi donc ne m'avez-vous pas*
parlé d'amour auparavant , dans le tems que la
fleur de la jeuneffe ornoit encore mon vifage ? Ces
entretiens font naturels , mais notre Parterre ,
quelquefois fi indulgent , & d'autres fois fi délicat , pourroit les trouver trop familiers , &
voir même de la coqueterie où il n'y a au
fond que de la raifon.

Notre Téatre Français ne fouffriroit pas
non plus que Mérope fît lier fon fils fur la
Scene à une colonne , ni qu'elle courût fur
lui deux fois , le javelot & la hâche à la main ,
ni que le jeune homme s'enfuît deux fois devant elle , en demandant la vie à fon Tyran.

Nos ufages permettroient encore moins que
la confidente de Mérope engageât le jeune
Egifte à dormir fur la Scene , afin de donner
le tems à la Reine de venir l'y affaffiner. Ce
n'eft pas , encore une fois , que tout cela ne
foit dans la nature ; mais il faut que vous par-
donniez à notre Nation , qui exige que la
nature foit toujours préfentée avec certains
traits de l'art ; & ces traits font bien différens
à Paris & en Italie

Pour donner une idée fenfible de ces différences , que le génie des Nations cultivées met entre les mêmes arts , permettez-moi , Monsieur , de vous rappeller ici quelques traits de votre célébre Ouvrage , qui me paroissent dictés par la pure nature.

Celui qui arrête le jeune Cresfonte , & qui lui prend sa bague , lui dit :

Or dunque in tuo paese i servi
Han di Coteste gemme ? Un bel paese
Fia questo tuo ; nel nostro una tal gemma
Ad un dito real non Sconverreble.

Je vais prendre la liberté de traduire cet endroit en Vers blancs , comme votre Piéce est écrite , parce que le tems qui me presse , ne me permet pas le long travail qu'exige la rime.

» Les esclaves chez vous portent de tels Joyaux !
» Votre Pays doit être un beau Pays , sans doute ;
» Chez nous de tels anneaux ornent la main des
» Rois.

Le confident du Tyran lui dit , en parlant de la Reine qui refuse d'épouser , après vingt ans , l'assassin reconnu de sa famille ;

La donna , comme sai , ricusa e brama.

La femme , comme on sçait , nous refuse & désire.

La Suivante de la Reine répond au Tyran , qui la presse de disposer sa Maîtresse au mariage :

. . . . Diſſimulato in vano
S'offre di febre aſſalto, alquanti giorni
Donare è forza a rinfrancar ſuoi ſpiriti.

On ne peut vous cacher que la Reine a la fiévre ;
Accordez quelque tems pour lui rendre ſes forces.

Dans votre quatriéme Acte le Vieillard
Polidore demande à un homme de la Cour
de Mérope, qui il eſt. Je ſuis Euriſes le fils
de Nicandre, répond-il. Polidore alors, en
parlant de Nicandre, s'exprime comme le
Neſtor d'Homere.

. . . . Egli era umano
E liberal, quando appariva, tutti
Facceangli onor io mi ricordo ancora
Di quanto eï feſteggio con bella pompa
Le ſue nozze con Silvia, ch' era figlia
D'Olimpia & di Glicon fratel d'Iſparco.
Tu dunque ſei quel Fanciullin che in Corte
Silvia condur ſolea quaſi per pompa
Par mi l'altri hieri ; o quanto Siete preſſi,
Quanto voi vaffretate o giovinetti
A ſarvi adulti & à gridar tacendo
Chi noi diam loco.

» Oh ! Qu'il étoit humain ! Qu'il étoit libéral !
» Que, dès qu'il paroiſſoit, on lui faiſoit d'hon-
    » neurs !
» Je me ſouviens encor du feſtin qu'il donna,
» De tout cet appareil, alors qu'il épouſa
» La fille de Glicon, & de cette Olimpie,

» La belle-sœur d'Hipparque. Eurises, c'est donc
  » vous?

» Vous, cet aimable enfant, que si souvent Silvie

» Se faisoit un plaisir de conduire à la Cour ?

» Je croi que c'est hier. Oh, que vous êtes prompte ?

» Que vous croissez, jeunesse ! Et que dans vos
  » beaux jours,

» Vous nous avertissez de vous céder la place.

Et dans un autre endroit, le même Vieillard, invité d'aller voir la cérémonie du mariage de la Reine, répond :

. . . . *Oh curioso*
Punto i non son, passo stagione. Assai
Veduti ho sacrificii ; io mi ricordo
Di quello ancora quando il Re Cresfonte
Encommenciò a regnar. Quella fu pompa.
Ora più non si fanno a questi tempi
Di cotaï sacrifici piu di cento
Fur le bestie svenate. I Sacerdoti
Risplendean tutti, ed ove ti volgessi
Altro non si vedea che argento ed oro.

. . . . Je suis sans curiosité.
» Le tems en est passé, mes yeux ont assez vû

» De ces apprêts d'Himen & de ces Sacrifices.

» Je me souviens encor de cette pompe auguste,

» Qui jadis en ces lieux marqua les premiers jours

» Du Régne de Cresfonte. Ah ! le grand appareil !

» Il n'est plus aujourd'hui de semblables spectacles.

» Plus de cent animaux y furent immolés :

» Tous les Prêtres brilloient, & les yeux éblouis
» Voyoient l'argent & l'or par-tout étinceler.

Tous ces traits font naïfs : tout y eſt convenable à ceux que vous introduiſez ſur la Scene, & aux mœurs que vous leur donnez. Ces familiarités naturelles euſſent été, à ce que je croi, bien reçûes dans Athenes ; mais Paris, & notre Parterre, veulent une autre eſpéce de ſimplicité. Notre Ville pourroit même ſe vanter d'avoir un goût plus cultivé qu'on ne l'avoit dans Athenes ; car enfin, il me ſemble qu'on ne repréſentoit, d'ordinaire, des Piéces de Téatre dans cette premiere Ville de la Gréce, que dans quatre Fêtes ſolemnelles, & Paris a plus d'un ſpectacle tous les jours de l'année. On ne comptoit dans Athenes que dix mille Citoyens, & notre Ville eſt peuplée de près de huit cens mille Habitans, parmi leſquels je croi qu'on peut compter trente mille Juges des Ouvrages Dramatiques.

Vous avez pû, dans votre Tragédie, traduire cette élégante & ſimple comparaiſon de Virgile :

Qualis populeâ mœrens Philomela ſub umbrâ,
Amiſſos queritur fœtus.

Si je prenois une telle liberté, on me renverroit au Poëme Epique, tant nous avons affaire à un maître dur, qui eſt le Public.

Neſcis, heu neſcis noſtra faſtidia Roma :
Et pueri naſum Rhinocerontis habent.

Les

Les Anglais ont la coutume de finir prefque tous leurs Actes par une comparaison : mais nous exigeons dans une Tragédie, que ce foit les Héros qui parlent, & non le Poëte ; & notre Public penfe que dans une grande crife d'affaires, dans un confeil, dans une paffion violente, dans un danger preffant, les Princes, les Miniftres ne font point de comparaifons poëtiques.

Comment pourrois-je encore faire parler fouvent enfemble des Perfonnages fubalternes ? Ils fervent chez vous à préparer des Scenes intéreffantes entre les principaux Acteurs ; ce font les avenues d'un beau Palais : mais notre Public impatient veut entrer tout d'un coup dans le Palais. Il faut donc fe plier au goût d'une Nation d'autant plus difficile, qu'elle eft, depuis long-tems, raffafiée de chef-d'œuvres.

Cependant, parmi tant de détails que notre extrême févérité réprouve, combien de beautés je regrettois ! Combien me plaifoit la fimple nature, quoique fous une forme étrangere pour nous ! Je vous rens compte, Monfieur, d'une partie des raifons qui m'ont empêché de vous fuivre, en vous admirant.

Je fus obligé, à regret, d'écrire une Mérope nouvelle : je l'ai donc faite différemment ; mais je fuis bien loin de croire l'avoir mieux faite. Je me regarde avec vous comme un voyageur, à qui un Roi d'Orient auroit fait présent des plus riches étoffes : ce Roi devroit permettre que le voyageur s'en fît habiller à la mode de son pays.

Ma Mérope fut achevée au commencement de 1736, à peu près telle qu'elle est aujourd'hui. D'autres études m'empêcherent de la donner au Téatre ; mais la raison qui m'en éloignoit le plus, étoit la crainte de la faire paroître après d'autres Piéces heureuses, dans lesquelles on avoit vû, depuis peu, le même sujet sous des noms différens.

Enfin j'ai hazardé ma Tragédie, & notre Nation a fait connoître qu'elle ne dédaignoit pas de voir la même matiere différemment traitée. Il est arrivé à notre Téatre ce qu'on voit tous les jours dans une galerie de peinture, où plusieurs tableaux représentent le même sujet. Les Connoisseurs se plaisent à remarquer les diverses manieres ; chacun saisit, selon son goût, le caractère de chaque Peintre ; c'est une espéce de concours qui sert, à la fois, à perfectionner l'art, & à augmenter les lumieres du Public.

Si la Mérope Française a eu le même succès que la Mérope Italienne, c'est à vous, Monsieur, que je le dois ; c'est à cette simplicité dont j'ai toujours été idolâtre, qui, dans votre ouvrage, m'a servi de modéle. Si j'ai marché dans une route différente, vous m'y avez toujours servi de guide.

J'aurois souhaité pouvoir, à l'exemple des Italiens & des Anglais, employer l'heureuse facilité des Vers blancs ; & je me suis souvenu plus d'une fois de ce passage du Ruccelaï.

Tu sai pur che l'imagin' de la voce
Che risponde da i sassi, aove l'Echo Alberga.
Sempre nemica fu del notro regno
E fu invintrice delle prime rime.

Mais je me suis apperçu, & j'ai dit, il y a long-tems, qu'une telle tentative n'auroit jamais de succès en France, & qu'il y auroit beaucoup plus de foiblesse que de force, à éluder un joug qu'ont porté les Auteurs de tant d'ouvrages qui dureront autant que la Nation Françaife.

Notre Poësie n'a aucune des libertés de la vôtre ; & c'est peut-être une des raisons pour lesquelles les Italiens nous ont précedé de plus de trois Siécles dans cet art si aimable & si difficile.

Je voudrois, Monsieur, pouvoir vous suivre dans vos autres connoissances, comme j'ai eu le bonheur de vous imiter dans la Tragédie.

Que n'ai-je pû me former sur votre goût dans la science de l'Histoire, non pas dans cette science vague & stérile des faits & des dattes, qui se borne à sçavoir en quel tems mourut un homme inutile ou funeste au monde ; science uniquement de Dictionnaire, qui chargeroit la mémoire fans éclairer l'efprit.

Je veux parler de cette Hiftoire de l'efprit humain, qui apprend à connoître les mœurs ; qui nous trace, de faute en faute, & de préjugé en préjugé, les effets des paffions des hommes ; qui nous fait voir ce que l'ignorance, ou un fçavoir mal entendu, ont caufé de maux ; & qui fuit fur-tout le fil du progrès des Arts, à travers ce choc effroyable de tant de Puiffances, & ce bouleverfement de tant d'Empires.

C'eft par là que l'Hiftoire m'eft précieufe ; & elle me le devient davantage par la place que vous tiendrez parmi ceux qui ont donné de nouveaux plaifirs, & de nouvelles lumieres aux hommes. La Poftérité apprendra avec émulation, que votre Patrie vous a rendu les honneurs les plus rares, & que Vérone vous a élevé une Statue, avec cette infcription, AU MARQUIS SCIPION MAFFEI, VIVANT ; infcription auffi belle, en fon genre, que celle qu'on lit à Montpellier ; *A Louis XIV. après fa mort.*

Daignez ajouter, Monfieur, aux hommages de vos concitoyens, celui d'un étranger, que fa refpectueufe eftime vous attache autant que s'il étoit né à Vérone.

MÉROPE,

TRAGÉDIE.

ACTEURS.

MÉROPE.

EGISTE.

POLIFONTE.

NARBAS.

EURICLÈS.

EROX.

ISMENIE.

La Scene est à Méssene, dans le Palais de Mérope.

MÉROPE,
TRAGÉDIE.

ACTE PREMIER.

SCENE PREMIERE.

MÉROPE, ISMENIE.

ISMENIE.

GRANDE Reine, écartez ces horribles images ;
Goûtez des jours ferains nés du fein des
orages.
Les Dieux nous ont donné la victoire, & la paix :
Ainfi que leur courroux, reffentez leurs bienfaits.
Meffene, après quinze ans de guerres inteftines,
Leve un front moins timide, & fort de fes ruines.
Vos yeux ne verront plus tous ces Chefs ennemis,
Divifés d'intérêts, & pour le crime unis,
Par les faccagemens, le fang & le ravage,
Du meilleur de nos Rois difputer l'hérirage.

Nos Chefs , nos Citoyens , raſſemblés ſous vos yeux ,
Les organes des Loix , les Miniſtres des Dieux ,
Vont , libres dans leur choix , décerner la Couronne :
Sans doute elle eſt à vous , ſi la vertu la donne ;
Vous ſeule avez ſur nous d'irrévocables droits ,
Vous , veuve de Cresfonte , & fille de nos Rois ;
Vous , que tant de conſtance , & quinze ans de miſere ,
Font encor plus auguſte , & nous rendent plus chere ;
Vous , pour qui tous les cœurs en ſecret réunis.

MÉROPE.

Quoi ! Narbas ne vient point ! Reverrai-je mon fils ?

ISMENIE

Vous pouvez l'eſpérer ; déja , d'un pas rapide ,
Vos eſclaves , en foule , ont couru dans l'Elide ;
La paix a de l'Elide ouvert tous les chemins ;
Vous avez mis ſans doute en de fidéles mains ,
Ce dépôt ſi ſacré , l'objet de tant d'alarmes.

MÉROPE.

Me rendrez-vous mon fils , Dieux témoins de mes lar-
       mes ?
Egiſte eſt-il vivant ? Avez-vous conſervé
Cet enfant malheureux , le ſeul que j'ai ſauvé ?
Ecartez loin de lui la main de l'homicide ;
C'eſt votre fils , hélas ! c'eſt le pur ſang d'Alcide.
Abandonnerez-vous ce reſte précieux
Du plus juſte des Rois , & du plus grand des Dieux ,
L'image de l'époux , dont j'adore la cendre ?

ISMENIE.

Mais quoi ! cet intérêt , & ſi juſte , & ſi tendre ,
De tout autre intérêt peut-il vous détourner ?

MÉROPE

Je ſuis mere , & tu peux encor t'en étonner ?

ISMENIE.

Du ſang dont vous ſortez , l'auguſte caractère
Sera-t-il effacé par cet amour de mere ?
Son enfance étoit chere à vos yeux éplorés ,
Mais vous avez peu vû ce fils que vous pleurez.

MÉROPE.

ME'ROPE.

Mon cœur a vû toujours ce fils que je regrette;
Ses périls nourissoient ma tendresse inquiette.
Un si juste intérêt s'accrut avec le tems.
Un mot seul de Narbas, depuis plus de quatre ans,
Vint dans la solitude, où j'étois retenue,
Porter un nouveau trouble à mon ame éperdue.
Egiste, écrivoit-il, mérite un meilleur sort;
Il est digne de vous, & des Dieux dont il sort:
En butte à tous les maux, sa vertu les surmonte:
Espérez tout de lui, mais craignez Polifonte.

ISMENIE.

De Polifonte au moins prévenez les desseins;
Laissez passer l'Empire en vos augustes mains.

ME'ROPE.

L'Empire est à mon fils; périsse la marâtre,
Périsse le cœur dur, de soi-même idolâtre,
Qui peut goûter en paix, dans le suprême rang,
Le barbare plaisir d'hériter de son sang.
Si je n'ai plus de fils, que m'importe un Empire?
Que m'importe ce Ciel, ce jour que je respire?
Je dûs y renoncer, alors que dans ces lieux
Mon époux fut trahi des mortels & des Dieux.
O perfidie! ô crime! ô jour fatal au monde!
O mort, toujours présente à ma douleur profonde!
J'entens encor ces voix, ces lamentables cris,
Ces cris « Sauvez le Roi, son épouse & ses fils.
Je vois ces murs sanglans, ces portes embrasées,
Sous ces lambris fumants ces femmes écrasées,
Ces esclaves fuyants, le tumulte, l'effroi,
Les armes, les flambeaux, la mort autour de moi.
Là, nageant dans son sang, & souillé de poussiere,
Tournant encor vers moi sa mourante paupiere,
Cresfonte, en expirant, me serra dans ses bras.
Là, deux fils malheureux, condamnés au trépas,
Tendres & premiers fruits d'une union si chere,
Sanglants, & renversés sur le sein de leur pere,

B

A peine foulevoient leurs innocentes mains.
Hélas ! ils m'imploroient contre leurs affaffins.
Egifte échappa feul ; un Dieu prit fa défenfe.
Veille fur lui , grand Dieu, qui fauvas fon enfance ;
Qu'il vienne ; que Narbas le ramene à mes yeux ,
Du fond de fes déferts au rang de fes ayeux.
J'ai fupporté quinze ans mes fers & fon abfence ;
Qu'il regne au lieu de moi , voilà ma récompenfe.

S C E N E II.

ME'RO PE, ISMENIE, EURICLE'S.

ME'R OP E.

EH bien ! Narbas, mon fils ?

EURICLE'S.

Vous me voyez confus ;
Tant de pas, tant de foins ont été fuperflus.
On a couru , Madame, aux rives du Penée,
Dans les champs d'Olimpie, aux murs de Salmonée ;
Narbas eft inconnu ; le fort, dans ces climats,
Dérobe à tous les yeux la trace de fes pas.

ME'RO PE.

Hélas ! Narbas n'eft plus ; j'ai tout perdu, fans doute;

ISMENIE.

Vous croyez tous les maux que votre ame redoute ;
Peut être , fur les bruits de cette heureufe paix,
Narbas ramene un fils fi cher à nos fouhaits.

EURICLE'S.

Peut-être fa tendreffe , éclairée & difcrete,
A caché fon voyage , ainfi que fa retraite :
Il veille fur Egifte, il craint ces affaffins
Qui , du Roi votre époux, ont tranché les deftins;
De leurs affreux complots il faut tromper la rage.
Autant que je l'ai pû, j'affure fon paffage ;

Et j'ai sur ces chemins de carnage abreuvés,
Des yeux toujours ouverts, & des bras éprouvés.

MÉROPE.

Dans ta fidélité j'ai mis ma confiance.

EURICLÈS.

Hélas ! que peut pour vous ma triste vigilance ?
On va donner son trône ; en vain ma foible voix,
Du sang qui le fit naître a fait parler les droits.
L'injustice triomphe ; & ce Peuple, à sa honte,
Au mépris de nos loix, panche vers Polifonte.

MÉROPE.

Et le sort jusques-là pourroit nous avilir ?
Mon fils, dans ses Etats reviendroit pour servir ?
Il verroit son sujet au rang de ses ancêtres ?
Le sang de Jupiter auroit ici des maîtres ?
Je n'ai donc plus d'amis ? Le nom de mon époux,
Insensibles sujets, a donc péri pour vous ?
Vous avez oublié ses bienfaits & sa gloire.

EURICLÈS.

Le nom de votre époux est cher à leur mémoire ;
On regrette Cresfonte, on le pleure, on vous plaint ;
Mais la force l'emporte, & Polifonte est craint.

MÉROPE.

Ainsi donc, par mon Peuple en tout tems accablée,
Je verrai la justice à la brigue immolée ;
Et le vil intérêt, cet arbitre du sort,
Vend toujours le plus foible aux crimes du plus fort.
Allons, & rallumons dans ces ames timides,
Ces regrets mal éteints du sang des Héraclides :
Flattons leur espérance, excitons leur amour ;
Parlez, & de leur maître annoncez le retour.

EURICLÈS.

Je n'ai que trop parlé ; Polifonte en alarmes,
Craint déja votre fils, & redoute vos larmes.
La fiere ambition, dont il est dévoré,
Est inquiéte, ardente, & n'a rien de sacré.

B ij

S'il chaſſa les brigands de Pilos, & d'Amphriſe;
S'il a ſauvé Meſſene, il croit l'avoir conquiſe;
Il agit pour lui ſeul, il veut tout aſſervir,
Il touche à la Couronne; &, pour mieux la ravir,
Il n'eſt point de rempart que ſa main ne renverſe,
De loix qu'il ne corrompe, & de ſang qu'il ne verſe;
Ceux, dont la main cruelle égorgea votre époux,
Peut-être ne ſont pas plus à craindre pour vous.

ME'ROPE.

Quoi! Par-tout ſous mes pas le ſort creuſe un abîme!
Je vois autour de moi, le danger & le crime!
Polifonte, un ſujet de qui les attentats.

EURICLE'S.

Diſſimulez, Madame, il porte ici ſes pas.

SCENE III.

ME'ROPE, POLIFONTE.

POLIFONTE.

Madame, il faut enfin que mon cœur ſe déploye;
Ce bras, qui vous ſervit, m'ouvre au trône une
   voye;
Et les Chefs de l'Etat, tout prêts de prononcer,
Me font, entre nous deux, l'honneur de balancer.
Des partis oppoſés, qui déſoloient Meſſenes,
Qui verſoient tant de ſang, qui formoient tant de hai-
   nes,
Il ne reſte aujourd'hui que le vôtre & le mien.
Nous devons l'un à l'autre un mutuel ſoutien:
Nos ennemis communs, l'amour de la Patrie,
Le devoir, l'intérêt, la raiſon, tout nous lie:
Tout vous dit qu'un Guerrier, vengeur de votre époux,
S'il aſpire à regner, peut aſpirer à vous.
Je me connois; je ſçai que, blanchi ſous les armes,
Ce front triſte & ſévére a pour vous peu de charmes;

Je fçai que vos appas, encor dans leur printems,
Pourroient s'effaroucher de l'hiver de mes ans ;
Mais la raifon d'Etat connoît peu fes caprices,
Et de ce front guerrier les nobles cicatrices
Ne peuvent fe couvrir que du bandeau des Rois.
Je veux le fceptre & vous, pour prix de mes exploits,
N'en croyez pas, Madame, un orgueil téméraire :
Vous êtes, de nos Rois, & la fille, & la mere ;
Mais l'état veut un maître ; & vous devez fonger
Que, pour garder vos droits, il les faut partager.

MÉROPE.

Le Ciel, qui m'accabla du poids de fa difgrace,
Ne m'a point préparée à ce comble d'audace.
Sujet de mon époux, vous m'ofez propofer
De trahir fa mémoire, & de vous époufer ?
Moi, j'irois, de mon fils, du feul bien qui me refte,
Déchirer avec vous l'héritage funefte ?
Je mettrois en vos mains fa mere, & fon état,
Et le bandeau des Rois fur le front d'un foldat ?

POLIFONTE.

Un foldat tel que moi peut juftement prétendre
A gouverner l'Etat, quand il l'a fçû défendre.
Le premier qui fut Roi, fut un foldat heureux.
Qui fert bien fon païs, n'a pas befoin d'ayeux.
Je n'ai plus rien du fang qui m'a donné la vie :
Ce fang eft épuifé, verfé pour la Patrie :
Ce fang coula pour vous ; &, malgré vos refus,
Je croi valoir au moins les Rois que j'ai vaincus ;
Et je n'offre, en un mot, à votre ame rébelle,
Que la moitié d'un trône où mon parti m'appelle.

MÉROPE.

Un parti ! Vous, barbare, au mépris de nos loix !
Eft-il d'autre parti que celui de vos Rois ?
Eft-ce là cette foi, fi pure & fi facrée,
Qu'à mon époux, à moi, votre bouche a jurée ?
La foi que vous devez à ces manes trahis,
A fa veuve éperdue, à fon malheureux fils,

A ces dieux, dont il fort, & dont il tient l'Empire ?

POLIFONTE.

Il eft encor douteux fi votre fils refpire ;
Mais quand du fein des morts il viendroit en ces lieux,
Redemander fon trône à la face des Dieux ;
Ne vous y trompez pas, Meffene veut un maître
Eprouvé par le tems, digne en effet de l'être ;
Un Roi qui la défende ; & j'ofe me flatter
Que le vengeur du trône a feul droit d'y monter.
Egifte, jeune encor, & fans expérience,
Etaleroit en vain l'orgueil de fa naiffance :
N'ayant rien fait pour nous, il n'a rien mérité.
D'un prix bien différent, ce trône eft acheté.
Le droit de commander n'eft plus un avantage.
Tranfmis par la nature, ainfi qu'un héritage,
C'eft le fruit des travaux, & du fang répandu ;
C'eft le prix du courage, & je croi qu'il m'eft dû.
Souvenez-vous du jour où vous fûtes furprife
Par ces lâches brigands de Pilos, & d'Amphrife :
Revoyez votre époux, & vos fils malheureux,
Prefque en votre préfence, affaffinés par eux :
Revoyez-moi, Madame, arrêtant leur furie,
Chaffant vos ennemis, défendant la Patrie :
Voyez ces murs enfin par mon bras délivrés :
Songez que j'ai vengé l'époux que vous pleurez.
Voilà mes droits, Madame, & mon rang, & mon
    titre ;
La valeur fit ces droits, le Ciel en eft l'arbitre.
Que votre fils revienne ; il apprendra, fous moi,
Les leçons de la gloire, & l'art de vivre en Roi :
Il verra fi mon front foutiendra la Couronne.
Le fang d'Alcide eft beau, mais n'a rien qui m'étonne.
Je recherche un honneur, & plus noble, & plus
    grand :
Je fonge à reffembler au Dieu dont il defcend :
En un mot, c'eft à moi de défendre la mere,
Et de fervir au fils, & d'exemple, & de pere.

ME'ROPE.

N'affectez point ici des foins fi généreux,
Et ceffez d'infulter à mon fils malheureux.
Si vous ofez marcher fur les traces d'Alcide,
Rendez donc l'héritage au fils d'un Héraclide.
Ce Dieu, dont vous feriez l'injufte fucceffeur,
Vengeur de tant d'Etats, n'en fut point ravitfeur.
Imitez fa juftice, ainfi que fa vaillance :
Défendez votre Roi, fecourez l'innocence :
Découvrez, rendez-moi ce fils que j'ai perdu,
Et méritez fa mere à force de vertu :
Dans vos murs relevés, rappellez votre maître ;
Alors, jufques à vous, je defcendrois, peut-être :
Je pourrois m'abaiffer ; mais je ne peux jamais
Devenir la complice, & le prix des forfaits.

SCENE IV.

POLIFONTE, EROX.

EROX.

SEigneur, attendez-vous que fon ame fléchiffe ?
Ne pouvez-vous régner qu'au gré de fon caprice ?
Vous avez fçû du trône applanir le chemin ;
Et, pour vous y placer, vous attendez fa main ?

POLIFONTE.

Entre ce trône & moi, je vois un précipice ;
Il faut que ma fortune y tombe, où le franchiffe.
Mérope attend Egifte ; & le peuple, aujourd'hui,
Si fon fils reparoît, peut fe tourner vers lui.
En vain, quand j'immolai fon pere, & fes deux freres,
De ce trône fanglant je m'ouvris les barrieres :
En vain, dans ce Palais, où la fédition
Rempliffoit tout d'horreur & de confufion,

Ma fortune a permis qu'un voile heureux & sombre
Couvrît mes attentats du secret de son ombre :
En vain , du sang des Rois, dont je fus l'oppresseur ,
Les peuples abusés m'ont crû le défenseur.
Nous touchons au moment où mon sort se décide :
S'il reste un rejetton de la race d'Alcide ;
Si ce fils , tant pleuré dans Messene , est produit ,
De quinze ans de travaux j'ai perdu tout le fruit.
Crois-moi , ces préjugés de sang & de naissance
Revivront dans les cœurs, y prendront sa défense :
Le souvenir du pere , & cent Rois pour ayeux ,
Cet honneur prétendu d'être issu de nos Dieux ,
Les cris, le désespoir d'une mere éplorée ,
Détruiront ma puissance encor mal assurée.
Egiste est l'ennemi dont il faut triompher :
Jadis dans son berceau je voulus l'étouffer :
De Narbas , à mes yeux , l'adroite diligence ,
Aux mains qui me servoient , arracha son enfance ;
Narbas , depuis ce tems , errant loin de ces bords ,
A bravé ma recherche , a trompé mes efforts.
J'arrêtai ses courriers ; ma juste prévoyance ,
De Mérope & de lui , rompit l'intelligence.
Mais je connois le sort ; il peut se démentir ;
De la nuit du silence un secret peut sortir ;
Et des Dieux , quelquefois , la longue patience ,
Fait , sur nous , à pas lents , descendre la vengeance.
　　　　　E R O X.
Ah ! Livrez-vous , sans crainte , à vos heureux destins ;
La prudence est le Dieu qui veille à vos desseins :
Vos ordres sont suivis : déja vos satellites ,
D'Elide & de Messene occupent les limites.
Si Narbas reparoît ; si jamais , à leurs yeux ,
Narbas raméne Egiste , ils périssent tous deux.
　　　　P O L I F O N T E.
Mais , me répons-tu bien de leur aveugle zéle ?
　　　　　E R O X.
Vous les avez guidés par une main fidéle :

Aucun d'eux ne connoît ce sang qui doit couler,
Ni le nom de ce Roi qu'ils doivent immoler.
Narbas leur est dépeint comme un traître, un trans-
    fuge,
Un criminel errant qui demande un refuge ;
L'autre, comme un esclave & comme un meurtrier,
Qu'à la rigueur des loix il faut sacrifier.

POLIFONTE.

Eh bien, encor ce crime ! Il m'est trop nécessaire ;
Mais, en perdant le fils, j'ai besoin de la mere ;
J'ai besoin d'un hymen, utile à ma grandeur,
Qui détourne de moi le nom d'usurpateur ;
Qui fixe enfin les vœux de ce peuple infidele ;
Qui m'apporte, pour dot, l'amour qu'on a pour elle.
Je lis au fond des cœurs ; à peine ils sont à moi :
Echauffés par l'espoir, ou glacés par l'effroi,
L'intérêt me les donne ; il les ravit de même.
Toi, dont le sort dépend de ma grandeur suprême,
Appui de mes projets, par tes soins dirigés,
Erox, vas réunir les esprits partagés ;
Que l'avare, en secret, te vende son suffrage ;
Assure au courtisan ma faveur en partage ;
Du lâche qui balance, échauffe les esprits ;
Promets, donne, conjure, intimide, éblouis.
Ce fer, aux pieds du trône, en vain n'a sçu conduire ;
C'est encor peu de vaincre, il faut sçavoir séduire ;
Flatter l'hydre du peuple, au frein l'accoutumer ;
Et pousser l'art, enfin, jusqu'à m'en faire aimer.

Fin du premier Acte.

ACTE II.

SCENE PREMIERE.

MÉROPE, EURICLÈS, ISMENIE.

MÉROPE.

Quoi ! L'univers se tait sur le destin d'Egiste !
Je n'entens que trop bien ce silence si triste.
Aux frontiéres d'Elide enfin n'a-t'on rien sçû ?

EURICLÈS.

On n'a rien découvert : & tout ce qu'on a vû,
C'est un jeune étranger, de qui la main sanglante,
D'un meurtre encor récent paroissoit dégoutante.
Enchaîné par mon ordre, on l'améne au Palais.

MÉROPE.

Un meurtre ! Un inconnu ! Qu'a-t'il fait, Euriclès ?
Quel sang a-t'il versé ? Vous me glacez de crainte !

EURICLÈS.

Triste effet de l'amour dont votre ame est atteinte.
Le moindre événement vous porte un coup mortel.
Tout sert à déchirer un cœur trop maternel :
Tout fait parler en vous la voix de la nature ;
Mais de ce meurtrier la commune avanture
N'a rien dont vos esprits doivent être agités.
De crimes, de brigands ces bords sont infectés.
C'est le fruit malheureux de nos guerres civiles.
La Justice est sans force ; & nos champs, & nos Villes,

Redemandent aux Dieux trop long-tems négligés,
Le fang des citoyens, l'un par l'autre égorgés.
Ecartez des terreurs dont le poids vous afflige.

MÉROPE.

Quel eft cet inconnu? Répondez-moi, vous dis-je?

EURICLE'S.

C'eft un de ces mortels du fort abandonnés,
Nourris dans la baffeffe, aux travaux condamnés;
Un malheureux fans nom, fi l'on croit l'apparence.

MÉROPE.

N'importe; quel qu'il foit, qu'il vienne en ma pré-
    fence.
Le témoin le plus vil, & les moindres clartés,
Nous montrent quelquefois de grandes vérités.
Peut-être j'en croi trop le trouble qui me preffe;
Mais ayez-en pitié, refpectez ma foibleffe:
Mon cœur a tout à craindre, & rien à négliger.
Qu'il vienne, je le veux, je veux l'interroger.

EURICLE'S.

(à Ifmenie.)

Vous ferez obéie. Allez, & qu'on l'améne;
Qu'il paroiffe à l'inftant aux regards de la Reine.

MÉROPE.

Je fens que je vais prendre un inutile foin:
Mon défefpoir m'aveugle, il m'emporte trop loin.
Vous fçavez s'il eft jufte. On comble ma mifére;
On détrône le fils, on outrage la mere.
Polifonte abufant de mon trifte deftin,
Ofe enfin s'oublier jufqu'à m'offrir fa main.

EURICLE'S.

Vos malheurs font plus grands que vous ne pouvez
    croire.
Je fçai que cet hymen offenfe votre gloire:
Mais je voi qu'on l'exige; & le fort irrité,
Vous fait de cet opprobre une néceffité.
C'eft un cruel parti; mais c'eft le feul, peut-être,
Qui pourroit conferver le trône à fon vrai maître.

Tel est le sentiment des Chefs & des Soldats ;
Et l'on croit....

MEROPE.

Non , mon fils ne le souffriroit pas,
L'exil, où son enfance a langui condamnée ,
Lui seroit moins affreux que ce lâche hymenée.

EURICLES.

Il le condamneroit , si , paisible en son rang ,
Il n'en croyoit ici que les droits de son sang ;
Mais si , par les malheurs , son ame étoit instruite ;
Sur ses vrais intérêts , s'il régloit sa conduite ;
De ses tristes amis , s'il consultoit la voix ,
Et la nécessité , souveraine des loix ,
Il verroit que jamais sa malheureuse mere
Ne lui donna d'amour une marque plus chere.

ME'ROPE.

Ah ! Que me dites-vous !

EURICLES.

De dures vérités ,
Que m'arrachent mon zéle , & vos calamités.

ME'ROPE.

Quoi ! Vous me demandez que l'intérêt surmonte
Cette invincible horreur que j'ai pour Polifonte !
Vous , qui me l'avez peint de si noires couleurs !

EURICLES.

Je l'ai peint dangereux , je connois ses fureurs ;
Mais il est tout puissant ; mais rien ne lui résiste :
Il est sans héritier , & vous aimez Egiste.

ME'ROPE.

Ah ! C'est ce même amour , à mon cœur précieux ,
Qui me rend Polifonte encor plus odieux.
Que parlez-vous toujours , & d'hymen & d'Empire ?
Parlez-moi de mon fils ; dites-moi s'il respire.
Cruel ! Apprenez-moi....

EURICLES.

Voici cet étranger,
Que vos tristes soupçons brûloient d'interroger.

SCENE III.

ME'ROPE , EURICLE'S ;
EGISTE *enchaîné* , ISMENIE ,
GARDES.

EGISTE , *dans le fond du Téatre , à Ismenie.*
St-ce là cette Reine augufte & malheureufe ?
Celle de qui la gloire , & l'infortune affreufe ,
Retentit jufqu'à moi dans le fond des déferts ?
ISMENIE.
Raffurez-vous , c'eft elle.
EGISTE.
O Dieu de l'Univers !
Dieu , qui formas fes traits , veille fur ton image ;
La vertu fur le trône eft ton plus digne ouvrage.
ME'ROPE.
C'eft-là ce meurtrier ? Se peut-il qu'un mortel ,
Sous des dehors fi doux , ait un cœur fi cruel ?
Approche , malheureux , & diffipe tes craintes ;
Répons-moi ; de quel fang tes mains font-elles teintes ?
EGISTE.
O Reine , pardonnez ; le trouble , le refpect ,
Glacent ma trifte voix tremblante à votre afpect.
(*à Euriclés.*)
Mon ame , en fa préfence , étonnée , attendrie.
ME'ROPE.
Parle ; de qui ton bras a-t'il tranché la vie ?
EGISTE.
D'un jeune audacieux , que les arrêts du fort ,
Et fes propres fureurs ont conduit à la mort.
ME'ROPE.
D'un jeune homme ! Mon ame s'eft glacé dans mes veines.

Ah ! ... T'étoit-il connu ?

EGISTE.

Non : les champs de Meſſenes,

Ses murs , leurs citoyens , tout eſt nouveau pour moi.

MÉROPE.

Quoi ! Ce jeune inconnu s'eſt armé contre toi ?
Tu n'aurois employé qu'une juſte défenſe ?

EGISTE.

J'en atteſte le Ciel ; il ſçait mon innocence.
Aux bords de la Pamiſe , en un temple ſacré ,
Où l'un de vos ayeux , Hercule , eſt adoré ,
J'oſois prier , pour vous , ce Dieu vengeur des crimes ;
Je ne pouvois offrir , ni préſens , ni victimes :
Né dans la pauvreté , j'offrois de ſimples vœux ,
Un cœur pur & ſoumis , préſent des malheureux.
Il ſembloit que le Dieu , touché de mon hommage ,
Au-deſſus de moi-même , élevât mon courage.
Deux inconnus , armés , m'ont abordé ſoudain.
L'un dans la fleur des ans , l'autre vers ſon déclin.
Quel eſt donc , m'ont-ils dit , le deſſein qui te guide ?
Et quels vœux formes-tu pour la race d'Alcide ?
L'un & l'autre , à ces mots , ont levé le poignard ;
Le Ciel m'a ſecouru dans ce triſte hazard.
Cette main , du plus jeune , a puni la furie ;
Percé de coups , Madame , il eſt tombé ſans vie :
L'autre a fui lâchement , tel qu'un vil aſſaſſin.
Et moi , je l'avouerai , de mon ſort incertain ,
Ignorant de quel ſang j'avois rougi la terre ,
Craignant d'être puni d'un meurtre involontaire ,
J'ai traîné dans les flots ce corps enſanglanté.
Je fuyois ; vos ſoldats m'ont bien-tôt arrêté :
Il ont nommé *Mérope* , & j'ai rendu les armes.

EURICLES.

Eh ! Madame , d'où vient que vous verſez des larmes ?

MÉROPE.

Te le dirai-je ? Hélas ! tandis qu'il m'a parlé ,
Sa voix m'attendriſſoit , tout mon cœur s'eſt troublé ;

Cresfonte.... ô Ciel.... j'ai crû.... que j'en rougis
 de honte !
Oui, j'ai crû démêler quelques traits de Cresfonte.
Jeux cruels du hazard, en qui me montrez-vous
Une si fauſſe image, & des rapports ſi doux ?
Affreux reſſouvenir, quel vain ſonge m'abuſe ?

EURICLE'S.

Rejettez donc, Madame, un ſoupçon qui l'accuſe ;
Il n'a rien d'un barbare, & rien d'un impoſteur.

MÉROPE.

Les Dieux ont ſur ſon front imprimé la candeur.
Demeurez ; en quel lieu le Ciel vous fit-il naître ?

EGISTE.

En Elide.

MÉROPE.

   Qu'entens-je ! En Elide ! Ah ! peut-être....
L'Elide... répondez... Narbas vous eſt connu ;
Le nom d'Egiſte, au moins, juſqu'à vous eſt venu.
Quel étoit votre état, votre rang, votre pere ?

EGISTE.

Mon pere eſt un vieillard accablé de miſere ;
Policlete eſt ſon nom ; mais Egiſte, Narbas,
Ceux dont vous me parlez, je ne les connois pas.

MÉROPE.

O Dieux ! vous vous jouez d'une triſte mortelle,
J'avois de quelque eſpoir une foible étincelle :
J'entrevoyois le jour, & mes yeux affligés,
Dans la profonde nuit ſont déja replongés.
Et quel rang vos parens tiennent-ils dans la Gréce?

EGISTE.

Si la vertu ſuffit pour faire la nobleſſe,
Ceux, dont je tiens le jour, Policlete, Sirris,
Ne ſont point des mortels dignes de vos mépris :
Leur ſort les avilit ; mais leur ſage conſtance
Fait reſpecter en eux l'honorable indigence.
Sous ſes ruſtiques toits, mon pere vertueux,
Fait le bien, ſuit les loix, & ne craint que les Dieux.

ME'ROPE.

Chaque mot qu'il me dit, eft plein de nouveaux charmes;
Pourquoi donc le quitter, pourquoi caufer fes larmes?
Sans doute, il eft affreux d'être privé d'un fils.

EGISTE.

Un vain défir de gloire a féduit mes efprits,
On me parloit fouvent des troubles de Meffene;
Des malheurs dont le Ciel avoit frappé la Reine;
Sur-tout de fes vertus dignes d'un autre prix:
Je me fentois ému par ces triftes récits:
De l'Elide, en fecret, dédaignant la moleffe,
J'ai voulu dans la guerre exercer ma jeuneffe;
Servir fous vos drapeaux, & vous offrir mon bras;
Voilà le feul deffein qui conduifit mes pas.
Ce faux inftinct de gloire égara mon courage;
A mes parens, flétris fous les rides de l'âge,
J'ai de mes jeunes ans dérobé les fecours:
C'eft ma premiere faute, elle a troublé mes jours.
Le Ciel m'en a puni: le Ciel inéxorable,
M'a conduit dans le piége, & m'a rendu coupable.

ME'ROPE.

Il ne l'eft point; j'en croi fon ingénuité:
Le menfonge n'a point cette fimplicité.
Tendons à fa jeuneffe une main bienfaifante;
C'eft un infortuné que le Ciel me préfente.
Il fuffit qu'il foit homme, & qu'il foit malheureux;
Mon fils peut éprouver un fort plus rigoureux.
Il me rappelle Egifte; Egifte eft de fon âge:
Peut-être, comme lui, de rivage en rivage,
Inconnu, fugitif, & par-tout rebuté,
Il fouffre le mépris qui fuit la pauvreté.
L'opprobre avilit l'ame, & flétrit le courage.
Pour le fang de nos Dieux, quel horrible partage!
Si du moins.....

SCENE

SCENE III.

ME'ROPE, EGISTE, EURICLE'S, ISMENIE.

ISMENIE.

AH! Madame, entendez-vous ces cris?
Sçavez-vous bien?...

ME'ROPE.

Quel trouble alarme tes efprits?

ISMENIE.

Polifonte l'emporte; & nos peuples volages,
A fon ambition prodiguent leurs fuffrages.
Il eft Roi; ç'en eft fait.

EGISTE.

J'avois crû que les Dieux
Auroient placé Mérope au rang de fes ayeux.
Dieux! Que plus on eft grand, plus vos coups font à
craindre!
Errant, abandonné, je fuis le moins à plaindre.
Tout homme a fes malheurs.

(On emméne Egifte.)

EURICLE'S à Mérope.

Je vous l'avois prédit:
Vous avez trop bravé fon offre & fon crédit.

ME'ROPE.

Je vois toute l'horreur de l'abîme où nous fommes.
J'ai mal connu les Dieux; j'ai mal connu les hommes.
J'en attendois juftice : ils la refufent tous.

EURICLE'S.

Permettez que du moins j'affemble, autour de vous,
Ce peu de nos amis, qui, dans un tel orage,
Pourroient encor fauver les débris du naufrage,
Et vous mettre à l'abri des nouveaux attentats
D'un maître dangereux, & d'un peuple d'ingrats.

C

S C E N E I V.

ME'ROPE, ISMENIE.

ISMENIE.

L'Etat n'eſt point ingrat ; non , Madame , on vous
    aime ,
On vous conſerve encor l'honneur du diadême :
On veut que Polifonte, en vous donnant la main ,
Semble tenir de vous le pouvoir ſouverain.

ME'ROPE.

On oſe me donner au tyran qui me brave ;
On a trahi le fils , on fait la mere eſclave.

ISMENIE.

Le Peuple vous rappelle au rang de vos ayeux.
Suivez ſa voix, Madame , elle eſt la voix des Dieux

ME'ROPE.

Inhumaine , tu veux que Mérope , avilie ,
Rachete un vain honneur , à force d'infâmie.

S C E N E V.

ME'ROPE, EURICLE'S , ISMENIE,
EROX, *Gardes de Polifonte.*

EURICLE'S.

MAdame , je reviens en tremblant devant vous ;
    Préparez ce grand cœur aux plus terribles coups :
Rappellez votre force à ce dernier outrage.

ME'ROPE.

Je n'en ai plus, les maux ont laffé mon courage ;
Mais, n'importe ; parlez.

EURICLE'S.

C'en eft fait ; & le fort...

Je ne puis achever.

ME'ROPE.

Quoi ! Mon fils ?

EURICLE'S.

Il eft mort ;

Il eft trop vrai ; déja cette horrible nouvelle
Confterne vos amis, & glace tout leur zéle.

ME'ROPE.

Mon fils eft mort !

ISMENIE.

O Dieux !

EURICLE'S.

D'indignes affaffins,

Des piéges de la mort, ont femé les chemins.
Le crime eft confommé.

ME'ROPE.

Quoi ! Ce jour que j'abhorre,

Ce foleil luit pour moi ! Mérope vit encore !
Il n'eft plus ! Quelles mains ont déchiré fon flanc ?
Quel monftre a répandu les reftes de mon fang ?

EURICLE'S.

Hélas ! Cet étranger ! Ce féducteur impie,
Dont nous-mêmes admirions la vertu pourfuivie,
Pour qui tant de pitié naiffoit dans votre fein,
Lui que vous protégiez !

ME'ROPE.

Ce monftre eft l'affaffin ?

EURICLE'S.

Oui, Madame, on en a des preuves trop certaines ;
On vient de découvrir, de mettre dans les chaînes,
Deux de fes Compagnons, qui, cachés parmi nous,
Cherchoient encor Narbas échappé de leurs coups :

C ij

Celui qui, fur Egifte, a mis fes mains hardies ;
A pris de votre fils les dépouilles chéries ;
(On apporte cette Armure dans le fond du Téatre.)
L'Armure que Narbas emporta de ces lieux :
Le traître avoit jetté ces gages précieux,
Pour n'être point connu par ces marques fanglantes.

MÉROPE.

Ah! Que me dites-vous ! Mes mains, ces mains trem-
blantes,
En armerent Cresfonte, alors que de mes bras,
Pour la premiere fois, il courut aux combats !
O dépouille trop chere, en quelles mains livrée !
Quoi! Ce monftre avoit pris cette Armure facrée ?

EURICLE'S.

Celle qu'Egifte même apportoit en ces lieux.

MÉROPE.

Et teinte de fon fang, on la montre à mes yeux !
Ce Vieillard qu'on a vû dans le Temple d'Alcide !

EURICLE'S.

C'étoit Narbas ; c'étoit fon déplorable guide.
Polifonte l'avoue.

MÉROPE.

Affreufe vérité.

Hélas! De l'affaffin le bras enfanglanté,
Pour dérober aux yeux fon crime & fon parjure,
Donne à mon fils fanglant, les flots pour fépulture.
Je vois tout. O mon fils, quel horrible deftin !

EURICLE'S.

Voulez-vous tout fçavoir de ce lâche affaffin ?

SCENE VI.

ME'ROPE, ISMENIE, EROX.

EROX.

Madame, par ma voix, permettez que mon Maître,
Trop dédaigné de vous, trop méconnu, peut-être,
Dans ces cruels momens, vous offre son secours.
Il a sçû que d'Egiste on a tranché les jours ;
Et cette part qu'il prend aux malheurs de la Reine.

ME'ROPE.

Il y prend part, Erox, & je le croi sans peine ;
Il en jouit du moins, & les destins l'ont mis
Au trône de Cresfonte, au trône de mon fils.

EROX.

Il vous offre ce trône ; agréez qu'il partage
De ce fils, qui n'est plus, le sanglant héritage,
Et que, dans vos malheurs, il mette à vos genoux
Un front que la Couronne a fait digne de vous ;
Mais il faut, dans mes mains, remettre le coupable ;
Le droit de le punir, est un droit respectable :
C'est le devoir des Rois ; le glaive de Témis,
Ce grand soutien du trône, à lui seul est commis :
A vous, comme à son peuple, il veut rendre justice ;
Le sang des assassins est le vrai sacrifice
Qui doit de votre hymen ensanglanter l'autel.

ME'ROPE.

Non, je veux que ma main porte le coup mortel.
Si Polifonte est Roi, je veux que sa puissance
Laisse à mon désespoir le soin de ma vengeance.
Qu'il régne, qu'il posséde, & mes biens & mon rang ;
Tout l'honneur que je veux, c'est de venger mon sang.

Ma main eft à ce prix ; allez , qu'il s'y prépare :
Je la retirerai du fein de ce barbare,
Pour la porter fumante aux autels de nos Dieux.

EROX.

Le Roi , n'en doutez point , va remplir tous vos vœux.
Croyez qu'à vos regrets fon cœur fera fenfible.

SCENE VII.

MEROPE, EURICLES, ISMENIE.

MEROPE.

NOn , ne m'en croyez point ; non , cet hymen
    horrible,
Cet hymen , que je crains , ne s'accomplira pas.
Au fein du meurtrier j'enfoncerai mon bras ;
Mais ce bras , à l'inftant , m'arrachera la vie.

EURICLES.

Madame , au nom des Dieux . . .

MEROPE.

           Ils m'ont trop pourfuivie,
Irai-je à leurs autels , objet de leur courroux ,
Quand ils m'ôtent un fils , demander un époux ?
Joindre un fceptre étranger au fceptre de mes peres ,
Et les flambeaux d'hymen aux flambeaux funeraires ?
Moi , vivre , moi , lever mes regards éperdus ,
Vers ce Ciel outragé , que mon fils ne voit plus ?
Sous un maître odieux , dévorant ma triftelle ,
Attendre dans les pleurs une affreufe vieilleffe ?
Quand on a tout perdu , quand on a plus d'efpoir,
La vie eft un opprobre , & la mort un devoir.

Fin du fecond Acte.

ACTE III.

SCENE PREMIERE.

NARBAS.

O DOULEUR! O regrets! O vieilleſſe peſ
ſante!
Je n'ai pû retenir cette fougue imprudente,
Cette ardeur d'un Héros, ce courage em-
porté,
S'indignant dans mes bras de ſon obſcurité.
Je l'ai perdu, la mort me l'a ravi, peut-être.
De quel front aborder la mere de mon maître?
Quels maux ſont en ces lieux accumulés ſur moi?
Je reviens ſans Egiſte, & Poliſonte eſt Roi!
Cet heureux artiſan de fraudes & de crimes,
Cet aſſaſſin farouche, entouré de victimes,
Qui nous perſécutant de climats en climats,
Sema par-tout la mort, attachée à nos pas.
Il regne, il affermit le trône qu'il profane!
Il y jouit en paix du Ciel qui le condamne.
Dieux! Cachez mon retour à ſes yeux pénétrans.
Dieux! Dérobez Egiſte au fer de ſes tyrans.
Guidez-moi vers ſa mere, & qu'à ſes pieds je meure.
Je vois, je reconnois cette triſte demeure,
Où le meilleur des Rois a reçu le trépas,
Où ſon fils tout ſanglant fut ſauvé dans mes bras.
Hélas! après quinze ans d'exil & de miſere,

Je viens coûter encor des larmes à sa mere.
A qui me déclarer ? Je cherche dans ces lieux
Quelque ami, dont la main me conduise à ses yeux.
Aucun ne se présente à ma débile vûë.
Je vois près d'une tombe une foule éperdue :
J'entens des cris plaintifs. Hélas ! dans e Palais,
Un Dieu persécuteur habite pour jamais.

SCENE II.

NARBAS, ISMENIE, *suivans de la Reine
dans le fond du Téatre, où l'on découvre le
tombeau de Cresfonte.*

ISMENIE.

Quel est cet inconnu, dont la vûë indiscrette
Ose troubler la Reine, & percer sa retraite ?
Est-ce de nos tyrans quelque ministre affreux,
Dont l'œil vient épier les pleurs des malheureux ?

NARBAS.

Oh ! qui que vous soyez, excusez mon audace ;
C'est un infortuné qui demande une grace.
Il peut servir Mérope ; il voudroit lui parler.

ISMENIE.

Ah ! quel tems prenez-vous pour oser la troubler ?
Respectez la douleur d'une mere éperdue ;
Malheureux étranger, n'offensez point sa vûe.
Eloignez-vous.

NARBAS.

Hélas ! Au nom des Dieux vengeurs,
Accordez cette grace à mon âge, à mes pleurs.
Je ne suis point, Madame, étranger dans Messene.
Croyez, si vous servez, si vous aimez la Reine,
Que mon cœur à son sort attaché, comme vous,

De

De fa longue infortune à fenti tous les coups.
Quelle eft donc cette tombe en ces lieux élevée,
Que j'ai vû de vos pleurs en ce moment lavée?

ISMENIE.

C'eft la tombe d'un Roi, des Dieux abandonné,
D'un Héros, d'un époux, d'un pere infortuné,
De Cresfonte.

NARBAS *allant vers le tombeau.*

　　　　　Ô mon maître ! ô cendres que j'adore!

ISMENIE.

L'époufe de Cresfonte eft plus à plaindre encore.

NARBAS.

Quels coups auroient comblé fes malheurs inouis?

ISMENIE.

Le coup le plus terrible ; on a tué fon fils.

NARBAS.

Son fils Egifte, ô Dieux ! le malheureux Egifte!

ISMENIE.

Nul mortel en ces lieux n'ignore un fort fi trifte.

NARBAS.

Son fils ne feroit plus?

ISMENIE.

　　　　　Un barbare affaffin ;
Aux portes de Meffene a déchiré fon fein.

NARBAS.

O défefpoir ! ô mort, que ma crainte a prédite!
Il eft affaffiné? Mérope en eft inftruite?
Ne vous trompez-vous pas?

ISMENIE.

　　　　　Des fignes trop certains
Ont éclairé nos yeux fur ces affreux deftins.
C'eft vous en dire affez ; fa perte eft affurée.

NARBAS.

Quel fruit de tant de foins !

ISMENIE.

　　　　　Au défefpoir livrée ;
D

Mérope va mourir ; son courage est vaincu :
Pour son fils seulement Mérope avoit vécu.
Des nœuds qui l'arrêtoient sa vie est dégagée :
Mais avant de mourir elle sera vengée ;
Le sang de l'assassin par sa main doit couler ;
Au tombeau de Cresfonte elle va l'immoler :
Le Roi qui l'a permis, cherche à flatter sa peine ;
Un des siens, en ces lieux, doit, aux pieds de la Reine,
Amener à l'instant ce lâche meurtrier,
Qu'au sang d'un fils si cher on va sacrifier.
Mérope, cependant, dans sa douleur profonde,
Veut de ce lieu funeste écarter tout le monde.

NARBAS *en s'en allant.*

Hélas ! S'il est ainsi, pourquoi me découvrir ?
Aux pieds de ce tombeau je n'ai plus qu'à mourir.

SCENE III.

ISMENIE *seule.*

CE vieillard est sans doute un citoyen fidéle ;
Il pleure, il ne craint point de marquer un vrai
    zéle :
Il pleure, & tout le reste, esclave des tyrans,
Détourne loin de nous des yeux indifférens.
Quel si grand intérêt prend-il à nos alarmes ?
La tranquille pitié fait verser moins de larmes.
Il montroit pour Egiste un cœur trop paternel !
Hélas ! Courons à lui . . . Mais, quel objet cruel !

S C E N E I V.

ME'ROPE, ISMENIE, EURICLE'S,
EGISTE *enchaîné*, GARDES,
SACRIFICATEURS.

ME'ROPE *auprès du tombeau.*

QU'on amene à mes yeux cette horrible victime.
Inventons des tourmens qui soient égaux au crime;
Ils ne pourront jamais égaler ma douleur.

E G I S T E.

On m'a vendu bien cher un inftant de faveur.
Secourez-moi, grands Dieux ! à l'innocent propices.

E U R I C L E'S.

Avant que d'expirer, qu'il nomme fes complices.

ME'ROPE *avançant.*

Oui, fans doute, il le faut. Monftre ! qui t'a porté
A ce comble de crime, à tant de cruauté ?
Que t'ai-je fait ?

E G I S T E.

Les Dieux, qui vengent le parjure,
Sont témoins fi ma bouche a connu l'impofture.
J'avois dit, à vos pieds, la fimple vérité;
J'avois déja fléchi votre cœur irrité;
Vous étendiez fur moi votre main protectrice.
Qui peut avoir fi-tôt laffé votre juftice ?
Et quel eft donc ce fang qu'a verfé mon erreur ?
Quel nouvel intérêt vous parle en fa faveur ?

ME'ROPE.

Quel intérêt ? Barbare !

E G I S T E.

Hélas ! Sur fon vifage
J'entrevois de la mort la douloureufe image;

D ij

Que j'en fuis attendri! J'aurois voulu, cent fois,
Racheter de mon fang, l'état où je la vois.

MEROPE.

Le cruel! A quel point on l'inftruifit à feindre!
Il m'arrache la vie, & femble encor me plaindre.

      (*Elle fe rejette dans les bras d'Ifmenie.*)

EURICLE'S.

Madame, vengez-vous, & vengez, à la fois,
Les ioix, & la nature, & le fang de nos Rois.

EGISTE.

A la Cour de ces Rois telle eft donc la juftice?
On m'accueille, on me flatte, on réfout mon fupplice;
Quel deftin m'arrachoit à mes triftes forêts!
Vieillard infortuné, quels feront vos regrets?
Mere trop malheureufe, & dont la voix fi chere
M'avoit prédit....

MEROPE.

      Barbare! Il te refte une mere!
Je ferois mere encor, fans toi, fans ta fureur;
Tu m'as ravi mon fils.

EGISTE.

      Si tel eft mon malheur;
S'il étoit votre fils, je fuis trop condamnable :
Mon cœur eft innocent, mais ma main eft coupable;
Que je fuis malheureux! Le Ciel fçait qu'aujour-
    d'hui
J'aurois donné ma vie, & pour vous, & pour lui.

MEROPE.

Quoi, traître! Quand ta main lui ravit cette armure...?

EGISTE.

Elle eft à moi.

MEROPE.
Comment! Que dis-tu?

EGISTE.

      Je vous jure,
Par vous, par ce cher fils, par vos divins ayeux,
Que mon pere, en mes mains, mit ce don précieux,

ME'ROPE.

Qui ? Ton pere ? En Elide ? En quel trouble il me jette !
Son nom ? Parle : répons.

EGISTE.

Son nom eſt Policlete :
Je vous l'ai déja dit.

ME'ROPE.

Tu m'arraches le cœur.
Quelle indigne pitié ſuſpendoit ma fureur !
C'en eſt trop ; ſecondez la rage qui me guide.
Qu'on traîne à ce tombeau, ce monſtre, ce perfide ;
Manes de mon cher fils, mes bras enſanglantez.

NARBAS, paroiſſant avec précipitation.

Qu'allez-vous faire ? O Dieux !

ME'ROPE.

Qui m'appelle ?

NARBAS.

Arrêtez,
Hélas ! Il eſt perdu, ſi je nomme ſa mere ;
S'il eſt connu.

ME'ROPE.

Meurs, traître.

NARBAS.

Arrêtez.

EGISTE, levant les yeux vers Narbas.

O mon pere !

ME'ROPE.

Son pere !

EGISTE, à Narbas.

Hélas ! Que vois-je ! Où portez-vous vos pas ?
Venez-vous être ici témoin de mon trépas ?

NARBAS.

Ah ! Madame, empêchez qu'on acheve le crime.
Euriclés, écoutez, écartez la victime ;
Que je vous parle

EURICLE'S emmene Egiſte, & ferme le fond du Téatre.

O Ciel !

D iij

MÉROPE, *s'avançant.*

Vous me faites trembler :

J'allois venger mon fils.

NARBAS, *se jettant à genoux.*

Vous alliez l'immoler.

Egifte....

MÉROPE, *laissant tomber le poignard.*

Eh bien ! Egifte ?

NARBAS.

O Reine infortunée !

Celui, dont votre main tranchoit la deftinée,

C'eft Egifte....

MÉROPE.

Il vivroit ?

NARBAS.

C'eft lui, c'eft votre fils.

MÉROPE, *tombant dans les bras d'Ifmenie.*

Je me meurs !

ISMENIE.

Dieux puiffans !

NARBAS, *à Ifmenie.*

Rappellez fes efprits

Hélas ! Ce jufte excès de joie & de tendreffe,

Ce trouble fi foudain, ce remords qui la preffe,

Vont confumer fes jours, ufés par la douleur.

MÉROPE, *revenant à elle.*

Ah ! Narbas, eft-ce vous ? Eft-ce un fonge trompeur ?

Quoi ! C'eft vous ? C'eft mon fils ? Qu'il vienne, qu'il
     paroiffe.

NARBAS.

Redoutez, renfermez cette jufte tendreffe,

(*à Ifmenie.*)

Vous, cachez, à jamais, ce fecret important ;

Le falut de la Reine & d'Egifte en dépend.

MÉROPE.

Ah ! Quel nouveau danger empoifonne ma joie ?

Cher Egifte ! Quel Dieu défend que je te voie ?

Ne m'eſt-il donc rendu que pour mieux m'affliger ?

NARBAS.

Ne le connoiſſant pas , vous alliez l'égorger ;
Et ſi ſon arrivée eſt ici découverte ,
En le reconnoiſſant , vous aſſurez ſa perte.
Malgré la voix du ſang , feignez , diſſimulez ;
Le crime eſt ſur le trône ; on vous pourſuit , tremblez.

SCENE V.

MEROPE, EURICLE'S, NARBAS, ISMENIE.

EURICLE'S.

AH ! Madame , le Roi commande qu'on ſaiſiſſe.

MEROPE.

Qui ?

EURICLE'S.

Ce jeune étranger qu'on deſtine au ſupplice.

MEROPE.

Eh bien ! Cet étranger , c'eſt mon fils , c'eſt mon ſang.
Narbas , on va plonger le couteau dans ſon flanc !
Courons tous.

NARBAS.

Demeurez,

MEROPE.

C'eſt mon fils qu'on entraîne.
Pourquoi ? Quelle entrepriſe exécrable & ſoudaine !
Pourquoi m'ôter Egiſte ?

EURICLE'S.

Avant de vous venger ,
Poliſonte , dit-il , prétend l'interroger.

MEROPE.

L'interroger ! Qui ? Lui ? Sçait-il quelle eſt ſa mere ?

D iiij

EURICLÈS.

Nul ne foupçonne encor ce terrible myftere.

MÉROPE.

Courons à Polifonte ; implorons fon appui.

NARBAS.

N'implorez que les Dieux , & ne craignez que lui.

EURICLÈS.

Si les droits de ce fils font au Roi quelque ombrage ,
De fon falut , au moins , votre hymen eft le gage.
Prêt à s'unir à vous d'un éternel lien ,
Votre fils , aux autels , va devenir le fien ;
Et dût fa politique en être encor jaloufe ,
Il faut qu'il ferve Egifte , alors qu'il vous époufe.

NARBAS.

Il vous époufe ! Lui ? Quel coup de foudre ! O Ciel !

MÉROPE.

C'eft mourir trop long-tems dans ce trouble cruel.
Je vais.

NARBAS.

Vous n'irez point , ô mere déplorable.
Vous n'accomplirez point cet hymen exécrable.

EURICLÈS.

Narbas, elle eft forcée à lui donner la main.
Il peut venger Cresfonte.

NARBAS.

Il en eft l'affaffin.

MÉROPE.

Lui ? Ce traître !

NARBAS.

Oui , lui-même : oui, fes mains fanguinaires
Ont égorgé , d'Egifte , & le pere , & les freres.
Je l'ai vû fur mon Roi , j'ai vû porter les coups ;
Je l'ai vû tout couvert du fang de votre époux.

MÉROPE.

Ah, Dieux !

NARBAS.

J'ai vû ce monftre entouré de victimes;
Je l'ai vû, contre vous, accumuler les crimes.
Il déguifa fa rage à force de forfaits;
Lui-même, aux ennemis, il ouvrit ce Palais.
Il y porta la flamme ; & parmi le carnage ,
Parmi les traits, les feux, le trouble, le pillage,
Teint du fang de vos fils, mais des brigands vain-
    queur,
Affaffin de fon Prince, il parut fon vengeur.
D'ennemis, de mourans, vous étiez entourée ;
Et moi, perçant à peine une foule égarée,
J'emportai votre fils dans mes bras languiffans;
Les Dieux ont pris pitié de fes jours innocens:
Je l'ai conduit feize ans, de retraite en retraite :
J'ai pris, pour me cacher, le nom de Policlete;
Et, lorfqu'en arrivant, je l'arrache à vos coups,
Polifonte eft fon maître, & devient votre époux!

ME'ROPE.

Ah! Tout mon fang fe glace, à ce récit horrible.

EURICLE'S.

On vient: c'eft Polifonte.

ME'ROPE.

           O Dieux! Eft-il poffible !

(à Narbas.)
Va, dérobe, fur-tout, ta vûe à fa fureur.

NARBAS.

Hélas! Si votre fils eft cher à votre cœur;
Avec fon affaffin, diffimulez, Madame.

EURICLE'S.

Renfermons ce fecret dans le fond de notre ame.
Un feul mot peut le perdre.

ME'ROPE, à Euriclés.

          Ah! Cours, & que tes yeux
Veillent fur ce dépôt fi cher, fi précieux.

EURICLE'S.

N'en doutez point.

MÉROPE.

Hélas! J'espere en ta prudence:
C'est mon fils, c'est ton Roi. Dieux! Ce monstre s'a-
vance.

SCENE VI.

MÉROPE, POLIFONTE, EROX, ISMENIE, SUITE.

POLIFONTE.

LE trône vous attend, & les autels sont prêts ;
L'hymen, qui va nous joindre, unit nos intérêts.
Comme Roi, comme époux, le devoir me commande
Que je venge le meurtre, & que je vous défende.
Deux complices, déja par mon ordre saisis,
Vont payer, de leur sang, le sang de votre fils.
Mais, malgré tous mes soins, votre lente vengeance
A bien mal secondé ma prompte vigilance.
J'avois, à votre bras, remis cet assassin ;
Vous-même, disiez-vous, deviez percer son sein.

MÉROPE.

Plût aux Dieux que mon bras fût le vengeur du crime!

POLIFONTE.

C'est le devoir des Rois, c'est le soin qui m'anime.

MÉROPE.

Vous?

POLIFONTE.

Pourquoi donc, Madame, avez-vous différé?
Votre amour pour un fils, seroit-il altéré?

MÉROPE.

Puissent ses ennemis périr dans les supplices ;
Mais si ce meurtrier, Seigneur, a des complices!...

Si je pouvois, par lui, reconnoître le bras,
Le bras dont mon époux a reçu le trépas;...
Ceux, dont la rage impie a maſſacré le pere,
Pourſuivront, à jamais, & le fils, & la mere.
Si l'on pouvoit....

POLIFONTE.

C'eſt là ce que je veux ſçavoir;
Et déja le coupable eſt mis en mon pouvoir.

ME'ROPE *effrayée.*

Il eſt entre vos mains?

POLIFONTE.

Oui, Madame; & j'eſpere
Percer, en lui parlant, ce ténébreux miſtere.

ME'ROPE.

Ah, barbare!... A moi ſeule il faut qu'il ſoit remis.
Rendez-moi... Vous ſçavez que vous l'avez promis.
　　(à part.)
O mon ſang! O mon fils! Quel ſort on-vous prépare!
　　(à Polifonte.)
Seigneur, ayez pitié.

POLIFONTE.

Quel tranſport vous égare?
Il mourra.

ME'ROPE.

　　Lui?

POLIFONTE.

Sa mort pourra vous conſoler.

ME'ROPE.

Ah! Je veux à l'inſtant le voir & lui parler.

POLIFONTE.

Ce mélange inouï d'horreur & de tendreſſe,
Ces tranſports dont votre ame à peine eſt la maîtreſſe,
Ces diſcours commencés, ce viſage interdit,
Pourroient, de quelque ombrage, alarmer mon eſprit.
Mais puis-je m'expliquer avec moins de contrainte?
D'un déplaiſir nouveau votre ame ſemble atteinte.

Qu'a donc dit ce vieillard que l'on vient d'amener?
Pourquoi fuit-il mes yeux? Que dois-je en soupçon-
 ner?
Quel est-il?

M E' R O P E.
Eh! Seigneur, à peine sur le trône,
La crainte, le soupçon déja vous environne?

P O L I F O N T E.
Partagez donc ce trône; &, sûr de mon bonheur,
Je verrai les soupçons exilés de mon cœur.
L'autel attend déja Mérope & Polifonte.

M E' R O P E.
Les Dieux vous ont donné le trône de Cresfonte;
Il y manquoit sa femme, & ce comble d'horreur,
Ce crime épouventable.

I S M E N I E.
Eh, Madame!

M E' R O P E.
Ah! Seigneur;
Pardonnez... Vous voyez une mere éperdue.
Les Dieux m'ont tout ravi, les Dieux m'ont confon-
 due.
Pardonnez... De mon fils rendez-moi l'assassin.

P O L I F O N T E.
Tout son sang, s'il le faut, va couler sous ma main:
Venez, Madame.

M E' R O P E.
O Dieux! Dans l'horreur qui me presse,
Secourez une mere, & cachez sa foiblesse.

Fin du troisiéme Acte.

ACTE IV.

SCENE PREMIERE.

POLIFONTE, EROX.

POLIFONTE.

A Ses emportemens, je croirois qu'à la fin,
Elle a, de son époux, reconnu l'assassin :
Je croirois que ses yeux ont éclairé l'abîme ;
Où, dans l'impunité, s'étoit caché mon crime.
Son cœur, avec effroi, se refuse à mes vœux ;
Mais ce n'est pas son cœur, c'est sa main que je veux,
Qu'elle écoute à son gré son impuissante haine :
Au char de ma fortune il est tems qu'on l'enchaîne.
Mais vous, au meurtrier vous venez de parler ?
Que pensez-vous de lui ?

EROX.

Rien ne peut le troubler.
Simple dans ses discours, mais ferme, invariable,
La mort ne fléchit point cette ame impénétrable.
J'en suis frappé, Seigneur, & je n'attendois pas
Un courage aussi grand dans un rang aussi bas.
J'avouerai qu'en secret moi-même je l'admire.

POLIFONTE.

Quel est-il, en un mot ?

EROX.

Ce que j'ose vous dire ,

C'eft qu'il n'eft point, fans doute, un de ces affaffins
Difpofés en fecret pour fervir vos deffeins.

POLIFONTE.

Pouvez-vous en parler avec tant d'affurance ?
Leur conducteur n'eft plus. Ma jufte défiance
A pris foin d'effacer dans fon fang dangereux,
De ce fecret d'Etat les veftiges honteux ;
Mais ce jeune inconnu me tourmente & m'attrifte.
Me répondrez-vous bien qu'il m'ait défait d'Egifte?
Croirai-je que, toujours foigneux de m'obéir,
Le fort, jufqu'à ce point, m'ait voulu prévenir?

EROX.

Mérope, dans les pleurs, mourant défefperée,
Eft de votre bonheur une preuve affurée ;
Et tout ce que je voi, le confirme en effet.
Plus fort que tous nos foins, le hazard a tout fait.

POLIFONTE.

Le hazard va fouvent plus loin que la prudence.
Mais j'ai trop d'ennemis & trop d'expérience
Pour laiffer le hazard arbitre de mon fort.
Quelque foit l'étranger, il faut hâter fa mort:
Sa mort fera le prix de cet hymen augufte ;
Elle affermit mon trône : il fuffit., elle eft jufte.
Le peuple, fous mes loix, pour jamais engagé,
Croira fon Prince mort, & le croira vengé.
Mais, répondez : quel eft ce vieillard téméraire
Qu'on dérobe à ma vûe, avec tant de miftere ?
Mérope alloit verfer le fang de l'affaffin :
Ce vieillard, dites-vous, a retenu fa main.
Que vouloit-il?

EROX.

Seigneur, chargé de fa mifere,
De ce jeune étranger ce vieillard eft le pere :
Il venoit implorer la grace de fon fils.

POLIFONTE.

Sa grace? Devant moi je veux qu'il foit admis.

Ce vieillard me trahit, crois-moi, puifqu'il fe cache :
Ce fecret m'importune ; il faut que je l'arrache.
Le meurtrier, fur-tout, excite mes foupçons.
Pourquoi, par quel caprice, & par quelles raifons,
La Reine qui, tantôt, preffoit tant fon fupplice,
N'ofoit-elle achever ce jufte facrifice ?
La pitié paroiffoit adoucir fes fureurs ;
Sa joie éclatoit même à travers fes douleurs.

EROX.

Qu'importe fa pitié, fa joie & fa vengeance ?

POLIFONTE.

Tout m'importe, & de tout je fuis en défiance.
Elle vient : qu'on m'amene ici cet étranger.

SCENE II.

POLIFONTE, EROX, EGISTE, EURICLE'S, ME'ROPE, ISMENIE, GARDES.

ME'ROPE.

Empliffez vos fermens, fongez à me venger ;
Qu'à mes mains, à moi feule on laiffe la victime.

POLIFONTE.

La voici devant vous. Votre intérêt m'anime.
Vengez-vous. Baignez-vous au fang du criminel ;
Et fur fon corps fanglant je vous mene à l'autel.

ME'ROPE.

Ah, Dieux !

EGISTE à Polifonte.

Tu vends mon fang à l'hymen de la Reine ;
Ma vie eft peu de chofe, & je mourrai fans peine :
Mais je fuis malheureux, innocent, étranger ;
Si le Ciel t'a fait Roi, c'eft pour me proteger.

J'ai tué juftement un injufte adverfaire.
Mérope veut ma mort ; je l'excufe ; elle eft mere;
Je bénirai fes coups , prêts à tomber fur moi ,
Et je n'accufe ici qu'un tyran tel que toi.

P O L I F O N T E.

Malheureux ! ofes-tu, dans ta rage infolente ?

M E' R O P E.

Eh ! Seigneur, excufez fa jeuneffe imprudente :
Elevé loin des Cours , & nourri dans les bois,
Il ne fçait pas encor ce qu'on doit à des Rois.

P O L I F O N T E.

Qu'entens-je ! Quel difcours ! Quelle furprife extrême !
Vous, le juftifier ?

M E' R O P E.

Qui, moi, Seigneur ?

P O L I F O N T E.

Vous-même.

De cet égarement fortirez-vous enfin ?
De votre fils , Madame, eft-ce ici l'affaffin ?

M E' R O P E.

Mon fils, de tant de Rois le déplorable refte ,
Mon fils enveloppé dans un piége funefte,
Sous les coups d'un barbare...

I S M E N I E.

O Ciel ! Que faites-vous ?

P O L I F O N T E.

Quoi ! Vos regards fur lui fe tournent fans couroux ?
Vous tremblez à fa vûe, & vos yeux s'attendriffent ?
Vous voulez me cacher les pleurs qui les rempliffent.

M E' R O P E.

Je ne les cache point ; ils paroiffent affez :
La caufe en eft trop jufte ; & vous la connoiffez.

P O L I F O N T E.

Pour en tarir la fource, il eft tems qu'il expire.
Qu'on l'immole, foldats.

M E' R O P E s'avançant.

Cruel ! Qu'ofez-vous dire ?

E G I S T E.

EGISTE.

Quoi! De pitié, pour moi, tous vos fens font faifis?

POLIFONTE.

Qu'il meure.

MEROPE.

Il eft...

POLIFONTE.

Frappez.

MEROPE, *fe jettant entre Egifte & les foldats.*

Barbare! Il eft mon fils.

EGISTE.

Moi! Votre fils?

MEROPE, *en l'embraßant.*

Tu l'es ; & ce Ciel que j'attefte ;
Ce Ciel qui t'a formé dans un fein fi funefte,
Et qui, trop tard, hélas! a deffillé mes yeux,
Te remet dans mes bras, pour nous perdre tous deux.

EGISTE.

Quel miracle, grands Dieux ! que je ne puis comprendre !

POLIFONTE.

Une telle impofture a de quoi me furprendre.
Vous, fa mere? Qui vous, qui demandiez fa mort?

EGISTE.

Ah ! Si je meurs fon fils, je rens grace à mon fort.

MEROPE.

Je fuis fa mere. Hélas! mon amour m'a trahie.
Oui, tu tiens dans tes mains le fecret de ma vie :
Tu tiens le fils des Dieux, enchaîné devant toi,
L'héritier de Crefonte, & ton maître, & ton Roi.
Tu peux, fi tu le veux, m'accufer d'impofture :
Ce n'eft pas aux tyrans à fentir la nature.
Ton cœur, nourri de fang, n'en peut être frappé.
Oui, c'eft mon fils, te dis-je, au carnage échappé.

POLIFONTE.

Que prétendez-vous dire, & fur quelles alarmes ?

EGISTE.

Va, je me crois fon fils ; mes preuves font fes larmes ;

E

Mes fentimens, mon cœur par la gloire animé;.
Mon bras, qui t'eût puni s'il n'étoit défarmé.

POLIFONTE.

Ta rage, auparavant, fera feule punie.
C'eſt trop.

MÉROPE *fe jettant à fes genoux.*

Commencez donc par m'arracher la vie::
Ayez pitié des pleurs dont mes yeux font noyés.
Que vous faut-il de plus ? Mérope eſt à vos pieds;.
Mérope les embraſſe, & craint votre colere.
A cet effort affreux jugez fi je fuis mere;.
Jugez de mes tourmens: ma déteſtable erreur,
Ce matin, de mon fils, alloit percer le cœur.
Je pleure, à vos genoux, mon crime involontaire.
Cruel ! Vous qui vouliez lui tenir lieu de pere,
Qui deviez protéger fes jours infortunés ;
Le voilà devant vous, & vous l'aſſaſſinez ?
Son pere eſt mort, hélas ! par un crime funeſte.
Sauvez le fils, je puis oublier tout le reſte.
Sauvez le fang des Dieux & de vos fouverains :
Il eſt feul fans défenſe, il eſt entre vos mains.
Qu'il vive, & c'eſt aſſez. Heureuſe en mes miféres!
Lui feul il me rendra mon époux & fes freres.
Vous voyez, avec moi, fes ayeux à genoux,
Votre Roi dans les fers.

EGISTE.

O Reine, levez-vous;
Et daignez me prouver que Cresfonte eſt mon pere;.
En ceſſant d'avilir & fa veuve, & ma mere.
Je ſçai peu, de mes droits, quelle eſt la dignité;
Mais le Ciel m'a fait naître avec trop de fierté,
Avec un cœur trop haut, pour qu'un tyran l'abaiſſe.
De mon premier état j'ai bravé la baſſeſſe,
Et mes yeux du préfent ne font point éblouis;.
Je me fens né des Rois, je me fens votre fils.
Hercule, ainſi que moi, commença fa carriere;
Il connut l'infortune en ouvrant la paupiere;

Et les Dieux l'ont conduit à l'immortalité,
Pour avoir, comme moi, vaincu l'adversité.
S'il m'a transmis son sang, j'en aurai le courage.
Mourir digne de vous, voilà mon héritage.
Cessez de le prier, cessez de démentir
Le sang des demi-Dieux dont on me fait sortir.

POLIFONTE à *Mérope*.

Eh bien, il faut ici nous expliquer sans feinte.
Je prens part aux douleurs dont vous êtes atteinte.
Son courage me plaît ; je l'estime, & je crois
Qu'il mérite en effet d'être du sang des Rois.
Mais une vérité d'une telle importance,
N'est pas de ces secrets qu'on croit sans évidence.
Je le prens sous ma garde ; il m'est déja remis ;
Et s'il est né de vous, je l'adopte pour fils.

EGISTE.

Vous, m'adopter ?

ME'ROPE.
Hélas !

POLIFONTE.
Réglez sa destinée.
Vous achetiez sa mort avec mon hymenée.
La vengeance, à ce point, a pû vous captiver.
L'amour fera-t'il moins, quand il faut le sauver ?

ME'ROPE.
Quoi, Barbare !

POLIFONTE.
Madame, il y va de sa vie.
Votre ame, en sa faveur, paroît trop attendrie,
Pour vouloir exposer à mes justes rigueurs,
Par d'imprudens refus, l'objet de tant de pleurs.

ME'ROPE.
Seigneur, que de son sort il soit du moins le maître.
Daignez.

POLIFONTE.
C'est votre fils, Madame, ou c'est un traître.
Je dois m'unir à vous pour lui servir d'appui,

E ij

Ou je dois me venger, & de vous, & de lui.
C'eſt à vous d'ordonner ſa grace ou ſon ſupplice.
Vous êtes, en un mot, ſa mere ou ſa complice.
Choiſiſſ z; mais ſçachez qu'au ſortir de ces lieux,
Je ne vous en croirai qu'en préſence des Dieux.
Vous, ſoldats, qu'on le garde; & vous, que l'on mé
    ſu ve.

   (*à Mérope.*)

Je vous attens; voyez ſi vous voulez qu'il vive.
Déterminez d'un mot mon eſprit incertain;
Confirmez ſa naiſſance, en me donnant la main.
Votre ſeule réponſe, ou le ſauve, ou l'opprime.
Voilà mon fils, Madame, ou voilà ma victime.
Adieu.

MÉROPE.

      Ne m'ôtez pas la douceur de le voir;
Rendez-le à mon amour, à mon vain déſeſpoir.

POLIFONTE.

Vous le verrez au temple.

EGISTE, *que les ſoldats emmenent.*

        O Reine auguſte & chere !
O vous, que j'oſe à peine encor nommer ma mere !
Ne faites rien d'indigne, & de vous, & de moi:
Si je ſuis votre fils, je ſçai mourir en Roi.

S C E N E I I I.

MÉROPE *ſeule.*

CRuels, vous l'enlevez; en vain je vous implore :
Je ne l'ai donc revû que pour le perdre encore !
Pourquoi m'exauciez-vous, ô Dieu trop imploré ?
Pourquoi rendre à mes vœux ce fils tant déſiré ?
Vous l'avez arraché d'une terre étrangere,

Victime réfervée au bourreau de fon pere.
Ah ! Privez-moi de lui, cachez fes pas errans
Dans le fond des déferts, à l'abri des tyrans.

SCENE IV.

ME'ROPE, NARBAS, EURICLE'S.

ME'ROPE.

SCais-tu l'excès d'horreur où je me vois livrée ?

NARBAS.

Je fçai que de mon Roi la perte eft affurée ;
Que déja, dans les fers, Egifte eft retenu ;
Qu'on obferve mes pas.

ME'ROPE.

C'eft moi qui l'ait perdu.

NARBAS.

Vous !

ME'ROPE.

J'ai tout révelé ; mais, Narbas, quelle mere,
Prête à perdre fon fils, peut le voir & fe taire ?
J'ai parlé ; ç'en eft fait ; & je dois, déformais,
Réparer ma foibleffe, à force de forfaits.

NARBAS.

Quel forfait dites-vous ?

SCENE V.

MÉROPE, NARBAS, EURICLÈS,
ISMENIE.

ISMENIE.

Voici l'heure, Madame;
Qu'il vous faut raſſembler les forces de votre ame.
Un vain peuple, qui vole après la nouveauté,
Attend votre hymenée avec avidité.
Le tyran régle tout ; il ſemble qu'il apprête
L'appareil du carnage, & non pas d'une fête.
Par l'or de ce tyran, le Grand-Prêtre inſpiré,
A fait parler le Dieu dans ſon temple adoré.
Au nom de vos ayeux, & du Dieu qu'il atteſte,
Il vient de déclarer cette union funeſte.
Polifonte, dit-il, a reçu vos ſermens ;
Meſſene en eſt témoin ; les Dieux en ſont garans ;
Le peuple a répondu par des cris d'allegreſſe ;
Et ne ſoupçonnant pas le chagrin qui vous preſſe,
Il célébre, à genoux, cet hymen plein d'horreur :
Il benit le tyran qui vous perce le cœur.

MÉROPE.

Et mes malheurs, encor, font la publique joie !

NARBAS.

Pour ſauver votre fils, quelle funeſte voie !

MÉROPE.

C'eſt un crime effroyable, & déja tu frémis.

NARBAS.

Mais ç'en eſt un plus grand, de perdre votre fils !

MÉROPE.

Eh bien, le déſeſpoir m'a rendu mon courage.
Courons tous vers le temple où m'attend mon outrage.

Montrons mou fils au peuple, & plaçons-le à leurs yeux,
Entre l'autel & moi, fous la garde des Dieux.
Il eft né de leur fang, ils prendront fa défenfe ;
Ils ont affez long-tems trahi fon innocence.
De fon lâche affaffin je peindrai les fureurs ;
L'horreur & la vengeance empliront tous les cœurs.
Tyrans, craignez les cris & les pleurs d'une mere.
On vient. Ah ! Je friffonne. Ah ! Tout me défefpere.
On m'appelle, & mon fils eft au bord du cercueil ;
Le tyran peut encor l'y plonger d'un coup d'œil.

(*Aux Sacrificateurs.*)

Miniftres rigoureux du monftre qui m'opprime ,
Vous venez à l'autel entraîner la victime.
O vengeance ! O tendreffe ! O nature ! O devoir !
Qu'allez-vous ordonner d'un cœur au défefpoir ?

Fin du quatriéme Acte.

ACTE V.

SCENE PREMIERE.

EGISTE, NARBAS, EURICLE'S.

NARBAS.

LE tyran nous retient au Palais de la Reine ;
Et notre deftinée eft encor incertaine.
Je tremble pour vous feul. Ah, mon Prince !
    Ah , mon fils !
Souffrez qu'un nom fi doux me foit encor permis.
Ah! Vivez. D'un tyran défarmez la colere ;
Confervez une tête, hélas! fi néceffaire ;
Si long-tems menacée, & qui m'a tant coûté.

EURICLE'S.

Songez que, pour vous feul abaiffant fa fierté,
Mérope de fes pleurs daigne arrofer encore
Les parricides mains d'un tyran qu'elle abhore.

EGISTE.

D'un long étonnement à peine revenu,
Je crois renaît.e ici dans un monde inconnu.
Un nouveau fang m'anime, un nouveau jour m'éclaire.
Qui, moi, né de Mérope ? Et Cresfonte eft mon pere ?
Son affaffin triomphe ; il commande, & je fers ?
Je fuis le fang d'Hercule, & je fuis dans les fers ?

                       NARBAS.

NARBAS.

Plût aux Dieux , qu'avec moi, le petit-fils d'Alcide,
Fût encor inconnu dans les champs de l'Elide !

EGISTE.

Eh, quoi ! Tous les malheurs aux humains réfervés ;
Faut-il, fi jeune encor , les avoir éprouvés ?
Les ravages, l'exil , la mort, l'ignominie,
Dès ma premiere aurore, ont affiégé ma vie.
De déferts en déferts, errant, perfécuté,
J'ai langui dans l'opprobre & dans l'obfcurité.
Le Ciel fçait cependant fi, parmi tant d'injures,
J'ai permis à ma voix d'éclater en murmures.
Malgré l'ambition qui dévoroit mon cœur,
J'embraffai les vertus qu'exigeoit mon malheur.
Je refpectai, j'aimai jufqu'à votre mifere ;
Je n'aurois point, aux Dieux , demandé d'autre pere.
Ils m'en donnent un autre, & c'eft pour m'outrager,
Je fuis fils de Cresfonte , & ne puis le venger.
Je retrouve une mere, un tyran me l'arrache ;
Un détestable hymen à ce monftre l'attache.
Je maudis, dans vos bras, le jour où je fuis né :
Je maudis le fecours que vous m'avez donné.
Ah, mon pere ! Ah ! Pourquoi, d'une mere égarée ;
Reteniéz-vous tantôt la main défefperée ?
Mes malheurs finiffoient, mon fort étoit rempli,

NARBAS.

Ah ! Vous êtes perdu : le tyran vient ici.

SCENE II.

POLIFONTE, EGISTE, NARBAS; EURICLÈS, GARDES.

POLIFONTE.

(* Ils s'éloignent un peu.)

REtirez-vous* ; & toi, dont l'aveugle jeuneſſe
Inſpire une pitié qu'on doit à la foibleſſe :
Ton Roi veut bien encor, pour la derniere fois,
Permettre à tes deſtins de changer à ton choix.
Le préſent, l'avenir, & juſqu'à ta naiſſance,
Tout ton être, en un mot, eſt dans ma dépendance.
Je puis, au plus haut rang, d'un ſeul mot t'élever,
Te laiſſer dans les fers, te perdre, ou te ſauver.
Elevé loin des Cours, & ſans expérience,
Laiſſe-moi gouverner ta farouche imprudence.
Crois-moi, n'affecte point, dans ton ſort abattu,
Cet orgueil dangereux que tu prens pour vertu.
Si dans un rang obſcur le deſtin t'a fait naître,
Conforme à ton état, ſois humble avec ton maître.
Si le hazard heureux t'a fait naître d'un Roi,
Rens-toi digne de l'être, en commandant ſous moi.
Une Reine, en ces lieux, te donne un grand exemple ;
Elle a ſubi mes loix, & marche vers le temple.
Suis ſes pas & les miens : viens, aux pieds de l'autel,
Me jurer, à genoux, un hommage éternel.
Puiſque tu crains les Dieux, atteſte leur puiſſance ;
Prens-les tous à témoin de ton obéiſſance.
La porte des grandeurs eſt ouverte pour toi.
Un refus te perdra ; choiſis, & répons-moi.

EGISTE.

Tu me vois défarmé ; comment puis-je répondre ?
Tes difcours, je l'avoue, ont de quoi me confondre ;
Mais rens-moi feulement ce glaive que tu crains ;
Ce fer que ta prudence écarte de mes mains :
Je répondrai pourlors, & tu pourras connaître,
Qui de nous deux, perfide, eft l'efclave ou le maître ;
Si c'eft à Polifonte à régler mes deftins ;
Et fi le fils des Rois punit les affaffins.

POLIFONTE.

Foible & fier ennemi, ma bonté t'encourage :
Tu me crois affez grand pour oublier l'outrage,
Pour ne m'avilir pas jufqu'à punir en toi,
Un efclave inconnu qui s'attaque à fon Roi.
Eh bien, cette bonté, qui s'indigne & fe laffe,
Te donne un feul moment pour obtenir ta grace.
Je t'attens aux autels, & tu peux y venir.
Viens recevoir la mort, ou jurer d'obéir.
Gardes, auprès de moi vous pourrez l'introduire ;
Qu'aucun autre ne forte, & n'ofe le conduire.
Vous, Narbas, Euriclés, je le laiffe en vos mains.
Tremblez, vous répondrez de fes caprices vains.
Je connois votre haine, & j'en fçai l'impuiffance ;
Mais je me fie au moins à votre expérience.
Qu'il foit né de Mérope, ou qu'il foit votre fils,
D'un confeil imprudent fa mort fera le prix.

SCENE III.

EGISTE, NARBAS, EURICLE'S.

EGISTE.

AH! Je n'en recevrai que du fang qui m'anime.
Hercule, inftruis mon bras à me venger du crime ;

MÉROPE,

Eclaire mon efprit du fein des Immortels :
Polifonte m'appelle aux pieds de tes autels ;
Et j'y cours.

NARBAS.

Ah ! Mon Prince, êtes-vous las de vivre ?

EURICLÈS.

Dans ce péril, du moins, fi nous pouvions vous fuivre !
Mais laiffez-nous le tems d'éveiller un parti,
Qui, tout foible qu'il eft, n'eft point anéanti.
Souffrez.

EGISTE.

En d'autres tems, mon courage tranquille,
Au frein de vos leçons feroit fouple & docile :
Je vous croirois tous deux : mais, dans un tel malheur,
Il ne faut confulter que le Ciel & fon cœur.
Qui ne peut fe réfoudre, aux confeils s'abandonne ;
Mais le fang des Héros ne croit ici perfonne.
Le fort en eft jetté... Ciel ! Qu'eft-ce que je voi ?
Mérope !

SCENE IV.

MÉROPE, EGISTE, NARBAS, EURICLÈS.

MÉROPE.

LE tyran m'ofe envoyer vers toi ;
Ne crois pas que je vive après cette hymenée :
Mais cette honte horrible où je fuis entraînée,
Je la fubis pour toi, je me fais cet effort ;
Fais-toi celui de vivre, & commande à ton fort.
Cher objet des terreurs dont mon ame eft atteinte :
Toi, pour qui je connois, & la honte, & la crainte :

Fils des Rois & des Dieux , mon fils , il faut fervir.
Pour fçavoir fe venger , il faut fçavoir fouffrir.
Je fens que ma foibleffe , & t'indigne , & t'outrage,
Je t'en aime encor plus , & je crains davantage.
Mon fils....

EGISTE.

Ofez me fuivre.

ME'ROPE.

Arrête. Que fais-tu ?
Dieux ! Je me plains à vous de fon trop de vertu.

EGISTE.

Voyez-vous en ces lieux le tombeau de mon pere ?
Entendez-vous fa voix ? Etes-vous Reine & mere ?
Si vous l'êtes, venez.

ME'ROPE.

Il femble que le Ciel
T'éleve, en ce moment, au-deffus d'un mortel.
Je refpecte mon fang , je voi le fang d'Alcide.
Ah ! Parle : remplis-moi de ce Dieu qui te guide.
Il te preffe, il t'infpire. O mon fils ! mon cher fils !
Acheve, & rens la force à mes foibles efprits.

EGISTE.

Auriez-vous des amis dans ce temple funefte ?

ME'ROPE.

J'en eus , quand j'étois Reine; & le peu qui m'en refte ,
Sous un joug étranger, baiffe un front abattu;
Le poids de mes malheurs accable leur vertu.
Polifonte eft haï, mais c'eft lui qu'on couronne:
On m'aime , & l'on me fuit.

EGISTE.

Quoi ! Tout vous abandonne ?
Ce monftre eft à l'autel ?

ME'ROPE.

Il m'attend.

EGISTE.

Ses foldats,
A cet autel horrible, accompagnent fes pas ?

F iij

MÉROPE.

Non : la porte eſt livrée à leur troupe cruelle ;
Il eſt environné de la foule infidelle,
Des mêmes courtiſans que j'ai vûs autrefois
S'empreſſer à ma ſuite , & ramper ſous mes loix.
Et moi, de tous les ſiens à l'autel entourée,
De ces lieux , à toi ſeul , je peux ouvrir l'entrée.

EGISTE.

Seul je vous y ſuivrai ; j'y trouverai des Dieux
Qui puniſſent le meurtre , & qui ſont mes ayeux.

MÉROPE.

Ils t'ont trahi quinze ans.

EGISTE.

Ils m'éprouvoient , ſans doute,

MÉROPE.

Eh, quel eſt ton deſſein ?

EGISTE.

Marchons , quoiqu'il en coûte.
Adieu , triſtes amis ; vous connoîtrez du moins,
Que le fils de Mérope a mérité vos ſoins.
(à Narbas , en l'embraſſant)
Tu ne rougiras point, crois-moi, de ton ouvrage ;
Au ſang qui m'a formé, tu rendras témoignage.

___

SCENE V.

NARBAS, EURICLÉS.

NARBAS.

QUe va-t'il faire ? Hélas ! Tous mes ſoins ſont tra-
his ;
Les habiles tyrans ne ſont jamais punis.
J'eſperois que du tems la main tardive & ſûre,
Juſtifieroit les Dieux, en vengeant leur injure ;

Qu'Egifte reprendroit fon Empire ufurpé ;
Mais le crime l'emporte, & je meurs détrompé.
Egifte va fe perdre à force de courage :
Il défobéira ; la mort eft fon partage.

EURICLE'S.

Entendez-vous ces cris dans les airs élancés ?

NARBAS.

C'eft le fignal du crime.

EURICLE'S.

Ecoutons.

NARBAS.

Frémiffez.

EURICLE'S·

Sans doute qu'au moment d'époufer Polifonte,
La Reine, en expirant, a prévenu fa honte.
Tel étoit fon deffein dans fon mortel ennui.

NARBAS.

Ah ! Son fils n'eft donc plus. Elle eût vêcu pour lui.

EURICLE'S.

Le bruit croît ; il redouble ; il vient comme un ton-
    nerre
Qui s'approche en grondant, & qui fond fur la terre.

NARBAS.

J'entens de tous côtés les cris des combattans ;
Les fons de la trompette, & les voix des mourans.
Du Palais de Mérope on enfonce la porte.

EURICLE'S.

Ah ! Ne voyez-vous pas cette cruelle efcorte,
Qui court, qui fe diffipe, & qui va loin de nous ?

NARBAS.

Va-t'elle du tyran fervir l'affreux courroux ?

EURICLE'S.

Autant que mes regards au loin peuvent s'étendre,
On fe mêle, on combat.

NARBAS.

Quel fang va-t'on répandre?

De Mérope & du Roi, le nom remplit les airs.

EURICLE'S.

Graces aux Immortels, les chemins font ouverts.
Allons voir à l'inftant s'il faut mourir ou vivre.

(*Il fort.*)

NARBAS.

Allons. D'un pas égal que ne puis-je vous fuivre ?
O Dieux ! Rendez la force à ces bras énervés,
Pour le fang de mes Rois, autrefois éprouvés :
Que je donne, du moins, les reftes de ma vie.
Hâtons-nous.

SCENE VI.

NARBAS, ISMENIE, PEUPLE.

NARBAS.

Quel fpectacle ! Eft-ce vous, Ifmenie ?
Sanglante, inanimée, eft ce vous que je vois ?

ISMENIE.

Ah ! Laiffez-moi reprendre, & la vie, & la voix.

NARBAS.

Mon fils eft-il vivant ? Que devient notre Reine ?

ISMENIE.

De mon faififfement je reviens avec peine ;
Par les flots de ce peuple, entraînée en ces lieux....

NARBAS.

Que fait Egifte ?

ISMENIE.

Il eft... le digne fils des Dieux,
Egifte ! Il a frappé le coup le plus terrible.
Non, d'Alcide jamais la valeur invincible,
N'a, d'un exploit fi rare, étonné les humains.

NARBAS.

O mon fils ! O mon Roi, qu'ont élevé mes mains !

ISMENIE.

La victime étoit prête, & de fleurs couronnée ;
L'autel étinceloit des flambeaux d'hymenée ;
Polifonte, l'œil fixe, &. d'un front inhumain ,
Préfentoit à Mérope une odieufe main ;
Le Prêtre prononçoit les paroles facrées ;
Et la Reine , au milieu des femmes éplorées,
S'avançant triftement , tremblante entre mes bras ,
Au lieu de l'hymenée, invoquoit le trépas :
Le peuple obfervoit tout dans un profond filence :
Dans l'enceinte facrée en ce moment s'avance
Un jeune homme, un Héros femblable aux Immortels :
Il court, c'étoit Egifte, il s'élance aux autels ;
Il monte, il y faifit d'une main affurée,
Pour les Fêtes des Dieux la hache préparée.
Les éclairs font moins prompts ; je l'ai vû de mes yeux ;
Je l'ai vû qui frappoit ce monftre audacieux.
Meurs, tyran, difoit il. Dieux , prenez vos victimes.
Erox qui, de fon maître a fervi tous les crimes,
Erox qui , dans fon fang, voit ce monftre nager,
Leve une main hardie, & penfe le venger.
Egifte fe retourne enflammé de furie ;
A côté de fon maître il le jette fans vie.
Le tyran fe releve, il bleffe le Héros ;
De leur fang confondu j'ai vû couler les flots.
Déja la Garde accourt avec des cris de rage,
Sa mere ... Ah ! que l'amour infpire de courage !
Quel tranfport animoit fes efforts & fes pas !
Sa mere... Elle s'élance au milieu des foldats.
C'eft mon fils ; arrêtez, ceffez, troupe inhumaine ;
C'eft mon fils ; déchirez fa mere, & votre Reine,
Ce fein qui l'a nourri, ces flancs qui l'ont porté.
A ces cris douloureux le peuple eft agité.
Un gros de nos amis , que fon danger excite,
Entre elle & fes foldats, vole & fe précipite.
Vous euffiez vû foudain les autels renverfés ;
Dans des ruiffeaux de fang leurs débris difperfés ;

Les enfans écrafés dans les bras de leurs meres ;
Les freres méconnus, immolés par leurs freres ;
Soldats, prêtres, amis, l'un fur l'autre expirans ;
On marche, on eft porté fur les corps des mourans ;
On veut fuir ; on revient ; & la foule preffée,
D'un bout du temple à l'autre, eft vingt fois repouffée.
De ces flots confondus le flux impétueux
Roule, & dérobe Egifte & la Reine à mes yeux.
Parmi les combattans je vole enfanglantée ;
J'interroge, à grands cris, la foule épouvantée.
Tout ce qu'on me répond, redouble mon horreur.
On s'écrie : il eft mort, il tombe, il eft vainqueur.
Je cours, je me confume, & le peuple m'entraîne,
Me jette en ce Palais, éplorée, incertaine,
Au milieu des mourans, des morts & des débris.
Venez, fuivez mes pas, joignez-vous à mes cris.
Venez, j'ignore encor fi la Reine eft fauvée ;
Si de fon digne fils la vie eft confervée ;
Si le tyran n'eft plus. Le trouble, la terreur,
Tout ce défordre horrible eft encor dans mon cœur.

N A R B A S.

Arbitre des humains, Divine Providence,
Acheve ton ouvrage, & foutiens l'innocence :
A nos malheurs paffés, mefure tes bienfaits,
O Ciel ! conferve Egifte, & que je meure en paix.
Ah ! Parmi ces foldats ne vois-je point la Reine ?

SCENE VII.

ME'ROPE, ISMENIE, NARBAS, PEUPLE, SOLDATS.

(On voit dans le fond du Téatre le corps de Polifonte couvert d'une robe sanglante.)

ME'ROPE.

GUerriers, prêtres, amis, citoyens de Meffene,
Au nom des Dieux vengeurs, peuples, écoutez-
    moi.
Je vous le jure encor, Egifte eft votre Roi :
Il a puni le crime, il a vengé fon pere.
Celui que vous voyez traîné fur la pouffiere,
C'eft un monftre ennemi des Dieux & des humains :
Dans le fein de Cresfonte il enfonça fes mains.
Cresfonte mon époux, votre appui, votre maître ;
Mes deux fils, font tombés fous les coups de ce traître,
Il opprimoit Meffene, il ufurpoit mon rang ;
Il m'offroit une main fumante de mon fang.
    (en courant vers Egifte qui arrive la hache à la main.)
Celui que vous voyez, vainqueur de Polifonte,
C'eft le fils de vos Rois, c'eft le fang de Cresfonte ;
C'eft le mien, c'eft le feul qui refte à ma douleur.
Quels témoins voulez-vous plus certains que mon cœur?
Regardez ce vieillard, c'eft lui dont la prudence,
Aux mains de Polifonte arracha fon enfance.
Les Dieux ont fait le refte.

NARBAS.
                    Oui, j'attefte ces Dieux,
Que c'eft là votre Roi qui combattoit pour eux.

EGISTE.

Amis, pouvez-vous b:eu méconnoître une mere ?
Un fils qu'elle défend, un fils qui venge un pere ?
Un Roi vengeur du crime ?

ME'ROPE.

　　　　　　Et fi vous en doutez,
Reconnoiffez mon fils aux coups qu'il a portez,
A votre délivrance, à fon ame intrépide.
Eh ! Quel autre, jamais, qu'un defcendant d'Alcide,
Nourri dans la mifere, à peine en fon Printems,
Eût, pour fon coup d'effai, renverfé les tyrans ?
Il foutiendra fon peuple, il vengera la terre.
Ecoutez: le Ciel parle ; entendez fon tonnerre :
Sa voix, qui fe déclare & fe joint à mes cris,
Sa voix rend témoignage, & dit qu'il eft mon fils.

SCENE DERNIERE.

ME'ROPE, EGISTE, ISMENIE, NARBAS, EURICLE'S, PEUPLE.

EURICLE'S.

AH ! Montrez vous, Madame, à la Ville calmée,
Du retour de fon Roi la nouvelle femée,
Volant de bouche en bouche, a changé les efprits.
Nos amis ont parlé, les cœurs font attendris,
Le peuple impatient verfe des pleurs de joye ;
Il adore le Roi que le Ciel lui renvoye ;
Il bénit votre fils, il bénit votre amour ;
Il confacre, à jamais, ce redoutable jour.
Chacun veut contempler fon augufte vifage ;
On veut revoir Narbas ; on veut vous rendre hommage.

Le nom de Polifonte eſt par-tout abhorré.
Celui de votre fils, le vôtre eſt adoré.
O Roi! venez jouir du prix de la victoire :
Ce prix eſt notre amour ; il vaut mieux que la gloire.
EGISTE.
Elle n'eſt point à moi : cette gloire eſt aux Dieux.
Ainſi que le bonheur, la vertu nous vient d'eux.
Allons monter au trône, en y plaçant ma mere;
Et vous, mon cher Narbas, ſoyez toujours mon pere.

FIN.

PIECES

FUGITIVES

DE

LITTERATURE.

LETTRE
SUR L'ESPRIT.

ON confultoit un jour un Homme, qui avoit quelque connoiffance du cœur humain, fur une Tragédie qu'on devoit repréfenter : il répondit qu'il y avoit tant d'efprit dans cette Piéce, qu'il doutoit de fon fuccès. Quoi ! dira-t'on, eft-ce là un défaut dans un tems où tout le monde veut en avoir ; où l'on n'écrit que pour montrer qu'on en a ; où le Public applaudit même aux penfées les plus fauffes, quand elles font brillantes ! Oui, fans doute, on applaudira le premier jour, & on s'ennuyera le fecond.

Ce qu'on appelle efprit, eft tantôt une comparaifon nouvelle, tantôt une allufion fine : ici l'abus d'un mot qu'on préfente dans un fens, & qu'on laiffe entendre dans un autre ; là un rapport délicat entre deux idées peu communes : c'eft une métaphore finguliere ; c'eft une recherche de ce qu'un objet ne pré-

G

fente pas d'abord , mais de ce qui eſt en effet
dans lui ; c'eſt l'art, ou de réunir deux choſes
éloignées , ou de diviſer deux choſes qui pa-
roiſſent ſe joindre , ou de les oppoſer l'une à
l'autre ; c'eſt celui de ne dire qu'à moitié ſa
penſée pour la laiſſer deviner. Enfin , je vous
parlerois de toutes les différentes façons de
montrer de l'eſprit , ſi j'en avois davantage.

Mais tous ces brillans (& je ne parle pas des
faux brillans) ne conviennent point, ou conviennent fort rarement à un Ouvrage ſérieux,
& qui doit intéreſſer. La raiſon en eſt , qu'alors
c'eſt l'Auteur qui paroît , & que le Public ne
veut voir que le Héros. Or ce Héros eſt toujours , ou dans la paſſion, ou en danger. Le danger & les paſſions ne cherchent point l'eſprit.
Priam & Hécube ne font point d'Epigram-
mes , quand leurs enfans ſont égorgés dans
Troye embraſée : Didon ne ſoupire point en
Madrigaux , en volant au bucher ſur lequel
elle va s'immoler : Demoſthenes n'a point de
jolies penſées , quand il anime les Athéniens à
la guerre ; s'il en avoit, il ſeroit un Rétheur ,
& il eſt un Homme d'Etat.

L'art de l'admirable Racine eſt bien au-deſſus de ce qu'on appelle eſprit ; mais ſi Pirrhus
s'exprimoit toujours dans ce ſtile :

Vaincu , chargé de fers , de regrets conſumé ;

Brûlé de plus de feux que je n'en allumai ,

Hélas ! fus-je jamais ſi cruel que vous l'êtes ?

Si Orefte continuoit dans ce goût ,

Que les Scythes font moins cruels qu'Hermione.

Ces deux Perfonnages ne toucheroient point du tout : on s'appercevroit que la vraie paffion s'occupe rarement de pareilles comparaifons , & qu'il y a peu de proportion entre les feux réels dont Troye fut confumée , & les feux de l'amour de Pirrhus ; entre les Scythes qui immolent des hommes , & Hermione qui n'aime point Orefte. Cinna dit , en parlant de Pompée :

Le Ciel choifit fa mort , pour fervir dignement

D'une marque éternelle à ce grand changement ;

Et devoit cet honneur aux manes d'un tel homme ,

D'emporter avec eux la liberté de Rome.

Cette penfée a un très-grand éclat : il y a là beaucoup d'efprit , & même un air de grandeur qui impofe. Je fuis fûr que ces Vers prononcés avec l'enthoufiafme & l'art d'un bon Acteur , feront applaudis ; mais je fuis fûr que la Piéce de Cinna , écrite toute dans ce goût , n'auroit jamais été jouée long-tems.

En effet , pourquoi le Ciel devoit-il faire l'honneur à Pompée , de rendre les Romains efclaves après fa mort ? Le contraire feroit plus vrai : les manes de Pompée devroient plûtôt obtenir du Ciel , le maintien éternel de cette liberté pour laquelle on fuppofe qu'il combattit & qu'il mourut.

Que feroit-ce donc qu'un Ouvrage rempli de penfées recherchées & problématiques ? Combien font fupérieures à toutes ces idées brillantes, ces Vers fimples & naturels ?

> Cinna, tu t'en fouviens, & veux m'affaffiner !

> Soyons amis, Cinna, c'eft moi qui t'en convie.

Ce n'eft pas ce qu'on appelle efprit : c'eft le fublime & le fimple qui font la vraie beauté.

Que dans Rodogune, Antiochus dife de fa maîtreffe qui le quitte, après lui avoir indignement propofé de tuer fa mere :

> Elle fuit, mais en Parthe, en nous perçant le cœur.

Antiochus a de l'efprit ; c'eft faire une Epigramme contre Rodogune ; c'eft comparer ingénieufement les dernieres paroles, qu'elle dit en s'en allant, aux fléches que les Parthes lançoient en fuyant. Mais ce n'eft pas parce que fa maîtreffe s'en va, que la propofition, de tuer fa mere, eft révoltante : qu'elle forte, ou qu'elle demeure, Antiochus a également le cœur percé. L'Epigramme eft donc fauffe ; & fi Rodogune ne fortoit pas, cette mauvaife Epigramme ne pouvoit plus trouver place.

Je choifis exprès ces exemples dans les meilleurs Auteurs, afin qu'ils foient plus frappans ; & je ne releve pas dans eux ces pointes & ces jeux de mots dont on fent le faux aifément. Il n'y a perfonne qui ne rie, quand, dans la Tragédie de Médée, fa Rivale lui dit, en faifant allufion à fes fortiléges :

Je n'ai que des attraits, & vous avez des charmes.

Corneille trouva le Téatre, & tous les genres de littérature, infectés de ces puerilités, qu'il fe permit rarement. Je ne veux parler ici que de ces traits d'efprit qui feroient admis ailleurs, & que le genre férieux réprouve. On pourroit appliquer à leurs auteurs, ce mot de Plutarque traduit avec cette heureufe naïveté d'Amiot : *Tu tiens, fans propos, beaucoup de bons propos.*

Il me revient dans la mémoire un de ces traits brillans, que j'ai vû citer, comme un modéle, dans beaucoup d'ouvrages de goût, & même dans le Traité des Etudes de feu M. Rollin. Ce morceau eft tiré de la belle Oraifon funébre du grand Turenne, compofée par Fléchier. Il eft vrai que, dans cette Oraifon, Fléchier égala prefque le fublime Boffuet, que j'ai appellé, & que j'appelle encore le feul Orateur éloquent parmi tant d'Ecrivains élégans ; mais il me femble que le trait dont je parle, n'eût pas été employé par l'Evêque de Meaux. Le voici. ,, Puiffances ,, ennemies de la France, vous vivez, & l'ef- ,, prit de la charité chrétienne m'interdit de ,, faire aucun fouhait pour votre mort, &c,

„ mais vous vivez , & je plains dans cette
„ chaire un vertueux Capitaine dont les inten-
„ tions étoient pures , &c.

Une apostrophe dans ce goût eût été convenable à Rome dans la guerre civile , après
l'assassinat de Pompée ; ou dans Londres ,
après le meurtre de Charles Premier , parce
qu'en effet il s'agissoit des intérêts de Pompée & de Charles Premier. Mais est-il décent
de souhaiter adroitement en chaire la mort de
l'Empereur , du Roi d'Espagne & des Elec-
teurs , & de mettre en balance avec eux , le
Général d'Armée d'un Roi leur ennemi ? Les
intentions d'un Capitaine , qui ne peuvent
être que de servir son Prince , doivent-elles
être comparées avec les intérêts politiques des
têtes couronnées contre lesquelles il servoit ?
Que diroit-on d'un Allemand qui eût souhaité la mort au Roi de France , à propos de
la perte du Général Mercy dont les intentions
étoient pures ?

Pourquoi donc ce passage a-t'il toujours
été loué par tous les Rhéteurs ? C'est que la
figure est en elle-même belle & patétique ;
mais ils n'examinoient point le fond & la
convenance de la pensée. Plutarque eût dit
à Fléchier : *Tu as tenu , sans propos , un très-*
beau propos.

Je reviens à mon paradoxe , que tous ces
brillans ausquels on donne le nom d'esprit ,

ne doivent point trouver place dans les grands
ouvrages , faits pour inſtruire ou pour tou-
cher : je dirai même qu'ils doivent être bannis
de l'Opera. La muſique exprime les paſſions ,
les ſentimens , les images : mais où ſont les
accords qui peuvent rendre une Epigramme ?
Quinault étoit quelquefois négligé , mais il
étoit toujours naturel.

De tous nos Opera , celui qui eſt le plus
orné , ou plûtôt accablé de cet eſprit Epi-
grammatique , eſt le Ballet du Triomphe des
Arts , compoſé par un homme aimable , qui
penſa toujours finement , & qui s'exprima de
même , mais qui , par l'abus de ce talent ,
contribua un peu à la décadence des Lettres , après les beaux jours de Louis XIV.

L'Amour , dans ce Ballet , diſpute avec
Apollon , l'honneur d'être le Dieu des Arts.
Apollon s'exprime ainſi , en parlant de cette
prétention de l'Amour :

    >> Mais l'honneur dont il veut relever ma puiſ-
    >> ſance ,
    >> Appartient , comme à nous , au Héros de la
    >> France.
    >> Laiſſons en le partage à cet auguſte Roi ;
    >> Les Arts lui doivent plus qu'à l'Amour ni qu'à
    >> moi.

Cette idée eſt , me ſemble , ingénieuſe ; mais il faut d'abord ſe donner la peine

d'interpréter le premier Vers, qui veut dire :
L'Amour me fait beaucoup d'honneur, de vou-
loir, comme moi, être le Dieu des Arts ; & enfuite, quand cette penſée eſt expliquée, je
croi que le plus habile Muſicien auroit de
la peine à faire ſur ces paroles une muſique
agréable.

     Dans ce même Ballet, où Pigmalion anime
ſa Statue, il lui dit :

     Vos premiers mouvemens ont été de m'aimer.

Je me ſouviens d'avoir entendu admirer ce
Vers, dans ma jeuneſſe, par quelques perſon-
nes : mais qui ne voit que les mouvemens du
corps de la Statue ſont ici confondus avec les
mouvemens du cœur, & que dans aucun ſens
la phraſe n'eſt Françaiſe ; que c'eſt, en effet,
une pointe, une plaiſanterie ? Comment ſe
pouvoit-il faire, qu'un homme qui avoit tant
d'eſprit, n'en eût pas aſſez pour retrancher
ces fautes éblouiſſantes ?

     Ces jeux de l'imagination, ces fineſſes,
ces tours, ces traits ſaillans, ces gayetés,
ces petites ſentences coupées, ces familiarités
ingénieuſes qu'on prodigue aujourd'hui, ne
conviennent qu'aux petits ouvrages de pur
agrément. La façade du Louvre de Perrault
eſt ſimple & majeſtueuſe. Un cabinet peut recevoir, avec grace, de petits ornemens. Ayez
autant d'eſprit que vous voudiez, ou que vous
pourrez, dans un Madrigal, dans des Vers
légers ,

légers, dans une Scene de Comédie qui ne
fera ni paſſionnée, ni naïve, dans un compliment, dans un petit Roman, dans une Lettre où vous vous égayerez pour égayer vos
amis.

Loin que j'aye reproché à Voiture d'avoir
mis de l'eſprit dans ſes Lettres; j'ai trouvé, au
contraire, qu'il n'en avoit pas aſſez, quoiqu'il
le cherchât toujours. On dit que les Maîtres
à danſer font mal la révérence, parce qu'ils la
veulent trop bien faire. J'ai crû que Voiture
étoit ſouvent dans ce cas; ſes meilleures Lettres ſont étudiées; on ſent qu'il ſe fatigue,
pour trouver ce qui ſe préſente ſi naturelle-
ment au Comte Antoine Hamilton, à Madame de Sevigné, & à tant d'autres Dames qui
écrivent, ſans effort, ces bagatelles, mieux
que Voiture ne les écrivoit avec peine.

Deſpréaux, qui avoit oſé comparer Voiture
à Horace, dans ſes premieres Satyres, chan-
gea d'avis quand ſon goût fut meuri par l'âge.
Je ſçai qu'il importe très-peu aux affaires de
ce monde, que Voiture ſoit, ou ne ſoit pas
un grand génie, qu'il y ait fait ſeulement quelques jolies Lettres, ou que toutes ſes plai-
ſanteries ſoient des modéles. Mais pour nous
autres qui cultivons les arts, & qui les aimons,
nous portons une vûe attentive ſur ce qui eſt
aſſez indifférent au reſte du monde. Le bon
goût eſt pour nous, en littérature, ce qu'il

H

eſt pour les femmes en ajuſtemens; & pourvû qu'on ne faſſe pas de ſon opinion une affaire de parti , il me ſemble qu'on peut dire hardiment qu'il y a dans Voiture peu de choſes excellentes , & que Marot ſeroit aiſément réduit à peu de pages.

Ce n'eſt pas qu'on veuille leur ôter leur réputation ; c'eſt , au contraire , qu'on veut ſçavoir bien au juſte , ce qui leur a valu cette réputation qu'on reſpecte , & quelles ſont les vraies beautés qui ont fait paſſer leurs défauts. Il faut ſçavoir ce qu'on doit ſuivre & ce qu'on doit éviter ; c'eſt là le véritable fruit d'une étude approfondie des belles Lettres ; c'eſt ce que faiſoit Horace , quand il examinoit Lucilius en critique. Horace ſe fit par-là des ennemis , mais il éclaira ſes ennemis mêmes.

Cette envie de briller , & de dire d'une maniere nouvelle ce que les autres ont dit, eſt la ſource des expreſſions nouvelles , comme des penſées recherchées.

Qui ne peut briller par une penſée , veut ſe faire remarquer par un mot. Voilà pourquoi on a voulu , en dernier lieu , ſubſtituer *amabilités* au mot d'*agrémens* , *négligemment* à *négligence* , *badiner les amours* , à *badiner avec les amours*. On a cent autres affectations de cette eſpéce. Si on continuoit ainſi , la Langue des Boſſuets , des Racines , des Paſcals,

des Corneilles , des Boileaux , des Fenelons,
deviendroit bien-tôt furannée. Pourquoi éviter une expreſſion qui eſt d'uſage , pour en
introduire une qui dit préciſement la même
choſe ? Un mot nouveau n'eſt pardonnable,,
que quand il eſt abſolument néceſſaire , intel-
ligible & ſonore ; on eſt obligé d'en créer en
Phyſique : une nouvelle découverte, une nouvelle machine , exigent un nouveau mot. Mais
fait-on de nouvelles découvertes dans le cœur
humain ? Y a-t'il une autre grandeur que celle de Corneille & de Boſſuet ? Y a-t'il d'autres paſſions que celles qui ont été maniées
par Racine , & effleurées par Quinault ? Y
a-t'il une autre Morale Evangélique que celle
du Pere Bourdaloue ?

Ceux qui accuſent notre Langue de n'être
pas aſſez féconde , doivent , en effet , trouver
de la ſtérilité , mais c'eſt dans eux-mêmes.

Rem verba ſequuntur.

Quand on eſt bien pénetré d'une idée , quand
un eſprit juſte , & plein de chaleur , poſſéde
bien ſa penſée , elle ſort de ſon cerveau , toute ornée des expreſſions convenables , comme
Minerve ſortit , toute armée , du cerveau de
Jupiter.

Je ſens que cette comparaiſon pourroit être
déplacée ailleurs , mais vous la pardonnerez
dans une Lettre. Enfin , la concluſion de tout
ceci eſt , qu'il ne faut rechercher , ni les pen-

H ij

fées, ni les tours, ni les expreſſions, & que l'art, dans tous les grands ouvrages, eſt de bien raiſonner, ſans trop faire d'argumens ; de bien peindre, ſans vouloir tout peindre ; d'émouvoir, ſans vouloir toujours exciter les paſſions.

Je donne ici de beaux conſeils, ſans dou-te. Les ai-je pris pour moi-même ? Hélas ! non.

Pauci, quos æquus amavit
Jupiter, aut ardens evexit ad æthera virtus,
Diis genti potuere.

NOUVELLES
CONSIDERATIONS
SUR L'HISTOIRE.

Peut-estre arrivera-t'il bien-tôt, dans la maniere d'écrire l'Histoire, ce qui est arrivé dans la Physique. Les nouvelles découvertes ont fait proscrire les anciens systèmes. On voudra connoître le genre humain, dans ce détail intéressant, qui fait aujourd'hui la base de la Philosophie naturelle.

On commence à respecter très-peu l'avanture de Curtius, qui referma un gouffre, en se précipitant au fond, lui & son cheval : on se mocque des Boucliers descendus du Ciel ; & de tous les beaux Talismans dont les Dieux faisoient présent si libéralement aux hommes ; & des Vestales qui mettoient un Vaisseau à flot avec leur ceinture ; & de toute cette foule de sottises célébres, dont les anciens Historiens regorgent. On n'est guéres plus content que, dans son Histoire ancienne, un fameux Rhéteur nous parle sérieusement du Roi Nabis, qui faisoit embrasser sa femme par ceux qui lui apportoient de l'argent, & qui mettoit ceux qui lui en refusoient

dans les bras d'une belle Poupée , toute sem-
blable à la Reine , & armée de pointes de fer
fous fon corps de juppe. On rit quand on
voit tant d'Auteurs répéter les uns après les
autres , que le fameux Otton , Archevêque
de Mayence , fut afliegé & mangé par une
armée de rats en 968 ; que des pluyes de fang
inonderent la Gafcogne en 1017 ; que deux
armées de ferpens fe battirent près de Tour-
nay en 1059. Les prodiges , les prédictions ,
les épreuves par le feu , &c. font à préfent
dans le même rang que les contes d'Héro-
dote.

Je veux parler ici de l'Hiftoire moderne ,
dans laquelle on ne trouve ni Poupées qui em-
braffent les Courtifans , ni Evêques mangés
par les rats.

On a grand foin de dire quel jour s'eft
donné une bataille , & on a raifon. On im-
prime les Traités , on décrit la pompe d'un
Couronnement , la cérémonie de la recep-
tion d'une Barette , & même l'entrée d'un
Ambaffadeur , dans laquelle on n'oublie ni
fon Suiffe , ni fes Laquais. Il eft bon qu'il
y ait des archives de tout , afin qu'on puiffe
les confulter dans le befoin ; & je regarde
à préfent tous les gros Livres , comme des
Dictionnaires : mais après avoir lû trois ou
quatre mille defcriptions de batailles , & la
teneur de quelques centaines de Traités , j'ai

trouvé que je n'étois guéres au fond plus inf-
truit. Je n'apprenois là que des événemens.
Je ne connois pas plus les Français & les Sar-
razins, par la bataille de Charles Martel, que
je ne connois les Tartares & les Turcs, par la
victoire que Tamerlan remporta fur Bazajet.
J'avoue que, quand j'ai lû les Mémoires du
Cardinal de Retz, & de Madame de Motte-
ville, je fçai ce que la Reine-Mere a dit, mot
pour mot, à M. de Jerfay ; j'apprends comment le Coadjuteur a contribué aux barrica-
des ; je peux me faire un précis des longs difcours qu'il tenoit à Madame de Bouillon. C'eft
beaucoup pour ma curiofité : c'eft, pour mon
inftruction, très-peu de chofe.

Il y a des Livres qui m'apprennent les Anecdotes vrayes ou fauffes d'une Cour. Quiconque a vû les Cours, ou a eu envie de les
voir, eft auffi avide de ces illuftres bagatelles, qu'une femme de Province aime à fçavoir les nouvelles de fa petite Ville. C'eft au
fond la même chofe & le même mérite. On
s'entretenoit fous Henry IV. des anecdotes
de Charles IX. On parloit encore de M. le
Duc de Bellegarde dans les premieres années
de Louis XIV. Toutes ces petites mignatures
fe confervent une génération ou deux, & pé-
riffent enfuite pour jamais.

On néglige, cependant, pour elles des
connoiffances d'une utilité plus fenfible & plus

durable. Je voudrois apprendre quelles étoient les forces d'un Pays avant une guerre , & si cette guerre les a augmentées ou diminuées : l'Espagne a-t'elle été plus riche avant la conquête du nouveau monde , qu'aujourd'hui ? De combien étoit-elle plus peuplée du tems de Charles-Quint , que sous Philippe I.V ? Pourquoi Amsterdam contenoit-elle à peine vingt mille ames , il y a deux cens ans ? Pourquoi a-t'elle aujourd'hui deux cens quarante mille Habitans ? Et comment le sçait-on positivement ? De combien l'Angleterre est-elle plus peuplée , qu'elle ne l'étoit sous Henry VIII ? Seroit-il vrai , ce qu'on dit dans les Lettres Persannes , que les hommes manquent à la terre , & qu'elle est dépeuplée , en comparaison de ce qu'elle étoit il y a deux mille ans ? Rome , il est vrai , avoit alors plus de Citoyens qu'aujourd'hui : j'avoue qu'Alexandrie & Cartage étoient de grandes Villes ; mais Paris , Londres , Constantinople , le Grand Caire , Amsterdam , Hambourg , n'existoient pas. Il y avoit trois cens Nations dans les Gaules ; mais ces trois cens Nations ne valoient la nôtre , ni en nombre d'hommes , ni en industrie. L'Allemagne étoit une Forêt ; elle est couverte de cent Villes opulentes.

Il semble que l'esprit de critique , lassé de ne persécuter que des Particuliers , ait pris pour

objet l'Univers. On crie toujours que ce monde dégénere , & on veut encore qu'il se dé-
peuple. Quoi donc nous faudra-t'il regretter
les tems où il n'y avoit pas de grand chemin
de Bordeaux à Orleans , & où Paris étoit une
petite Ville dans laquelle on s'égorgeoit ? On
a beau dire , l'Europe a plus d'hommes qu'a-
lors , & les hommes valent mieux. On pourra sçavoir dans quelques années , combien
l'Europe est en effet peuplée ; car dans presque toutes les grandes Villes , on rend public
le nombre des naissances , au bout de l'année ; & sur la régle exacte & sûre , que vient
de donner un Hollandais , aussi habile qu'in-
fatigable , on sçait le nombre des Habitans ,
par celui des naissances. Voilà déja un des ob-
jets de la curiosité de quiconque veut lire
l'Histoire en Citoyen & en Philosophe. Il sera
bien loin de s'en tenir à cette connoissance :
il recherchera quel a été le vice radical & la
vertu dominante d'une Nation ; pourquoi elle
a été puissante ou foible sur la mer ; comment & jusqu'à quel point elle s'est enrichie
depuis un siécle : les registres des exportations
peuvent l'apprendre : il voudra sçavoir comment les Arts , les Manufactures se sont éta-
blies ; il suivra leur passage & leur retour d'un
Pays dans un autre. Les changemens dans
les mœurs & dans les Loix , feront enfin son
grand objet. On sçauroit ainsi l'Histoire des

hommes, au lieu de fçavoir une foible partie de l'Hiftoire des Rois & des Cours.

En vain je lis les annales de France ; nos Hiftoriens fe taifent tous fur ces détails.

Aucun n'a eu pour devife : *Homo fum humani nil à me alienum puto.* Il faudroit donc, me femble, incorporer avec art ces connoiffances utiles dans le tiffu des événemens.

Je crois que c'eft la feule maniere d'écrire l'Hiftoire moderne , en vrai politique & en vrai Philofophe. Traiter l'Hiftoire ancienne , c'eft compiler quelques vérités avec mille menfonges. Cette Hiftoire n'eft, peut-être, utile que de la même maniere dont l'eft la Fable , par de grands événemens qui font le fujet perpétuel de nos Tableaux, de nos Poëmes , de nos converfations , & dont on tire des traits de morale. Il faut fçavoir les exploits d'Alexandre , comme on fçait les travaux d'Hercule.

Enfin , cette Hiftoire ancienne me femble , à l'égard de la moderne , ce que font les vieilles Médailles , en comparaifon des Monnoyes courantes : les premieres reftent dans les Cabinets ; les fecondes circulent dans l'Univers, pour le commerce des hommes.

F I N.

www.ingramcontent.com/pod-product-compliance
Lightning Source LLC
Chambersburg PA
CBHW051743090426
42738CB00010B/2392